Der Profi-Heimwerker

Siegfried Stein

Gartenhäuser, Pergolen, Rankgitter...

Ideen, Planung, Ausführung

Callwey

© 1997 Verlag Georg D. W. Callwey
GmbH & Co., Streitfeldstraße 35,
81673 München

Schutzumschlaggestaltung:
HBC-Design, München
Litho: eurochrom 4, Villorba
Druck und Bindung: Kösel, Kempten
ISBN: 3-7667-1265-9

Die Deutsche Bibliothek –
CIP-Einheitsaufnahme
Gartenhäuser, Pergolen, Rankgitter ...:
Ideen, Planung, Ausführung /
Siegfried Stein. –
München: Callwey, 1997
(Der Profi-Heimwerker)
ISBN 3-7667-1265-9
NE: Stein, Siegfried

Alle Anleitungen wurden sorgfältig
erprobt – eine Haftung kann dennoch
nicht übernommen werden.

Abbildung auf Seite 2:
Hochwertige Rosenbögen
und Gartentore sollte
man nur in feuerverzinkter
Qualität erstehen.

Inhalt

Vorwort

Intime Gärten sind in aller Regel auch schöne Gärten. Kletterrosen und Clematis, wilder Wein und Blauregen brauchen tragende Elemente, um ihren ganzen Charme entfalten zu können. Richtig behaglich fühlen wir uns dann, wenn dichte Zäune den Wind aussperren, lauschige Sitzplätze sich dem Sonnenlicht öffnen und üppiger Pflanzenwuchs den Neugierigen die Sicht versperrt.

Gute Kontakte zu den Nachbarn sind nur von Dauer, wenn jeder sich sein privates Refugium bewahrt. Je enger die Grundstücke und die Grenzabstände sind, desto wichtiger ist die Rolle, die Sichtschutzwänden und Rankgittern, zierenden Pergolen und verspielten Lauben zufällt. Baumärkte und Gartencenter haben sich längst auf einen wachsenden Bedarf mit vielen Ideen und Anregungen eingestellt. Auch wer über handwerkliches Geschick verfügt und viel Freizeit nutzen kann, wird Mühe haben, gegen ausgefeilte und noch dazu preisgünstige Fertigung anzukommen. Doch für Eigeninitiative bleibt noch viel Platz – sei es beim Planen und Zusammensetzen, beim Streichen oder beim kuscheligen Ausstatten von Gartenhäusern, verspielten Pavillons oder romantischen Sitzplätzen im Grünen. Das tägliche Genießen oder der Urlaub zu Hause, beide können sowohl anregend als auch entspannend sein. Nutzen wir unsere Möglichkeiten!

Oben: Die rustikale, gemütliche Weinlaube entstand mit eigenen Hilfsmitteln.

Links: Ein Pavillon im Japan-Stil, der sich dezent in die Bepflanzung fügt.

Siegfried Stein

Etwas Theorie

4   Holz ist das ideale
Baumaterial für den
Garten. Ob Pergola oder
Rankgitter – Kletter-
pflanzen erobern
das Terrain im Hand-
umdrehen.

Kleine Materialkunde

Rohre oder Bänder aus Eisen, Leisten und Profile aus Aluminium, Kunststoffrohre und -träger sowie verschiedene Hölzer sind die Materialien, die im Garten für verschiedenste Zwecke Verwendung finden.

Besonders Holz paßt zum Garten, denn es ist ein natürlich gewachsener Rohstoff, dessen besonderer Charme sich in unterschiedlichen Farbnuancen und ausdrucksvoller Maserung zeigt. Es wächst zudem immer wieder nach – für 100 gefällte Bäume werden in Schweden 110 Setzlinge neu gepflanzt.

Eisen wird für Pergolen, Lauben, Pfeiler und Tragekonstruktionen verwendet, meist in Form von Rohren (Stecksysteme) oder Bändern zum Verschweißen oder Verschrauben. Dadurch entstehen bei großer Festigkeit filigrane, zierliche Gebilde, an denen Pflanzen sehr gut zur Geltung kommen. Wer geschickt im Schweißen ist, kann auch mit vorgefertigten Teilen selbst Gitter, Tore, Rosenbögen oder Rankelemente anfertigen.

Eisen ohne Oberflächenschutz rostet sehr schnell, wird unansehnlich und die Konstruktion ist bald in ihrer Stabilität gefährdet. Verwenden Sie daher keine Produkte, die nur lackiert wurden. Selbst eine Pulverbeschichtung bietet nicht den dauerhaften Schutz einer Feuerverzin-

5 Bitte eintreten! Das herrliche Tor aus Eisen macht neugierig auf den dahinterliegenden Garten.

6 Ein Rosenbogen aus Eisenrohr: Gegen Rost ist er verzinkt und durch einen Kunststoffbelag geschützt.

7

7   Aluminium ist aus-
gesprochen pflegeleicht.
Durchdachte Profile
sichern gute Wärme-
dämmung.

8   Nur selten erhält
man Einblick in die
Konstruktion der form-
schönen und zweck-
mäßigen Profile.

8

kung. Überzeugen Sie sich also, daß das
Material vorher ordentlich verzinkt wurde. Hersteller leisten in der Regel auf solche Ware zehn Jahre Garantie.

Aluminium kennt solche Probleme
nicht. Es ist nahezu unbegrenzt haltbar,
leicht und trotzdem sehr stabil, braucht
keine nennenswerte Pflege und läßt sich
mit RAL-Farben in allen denkbaren Farb-
tönen beschichten. Deshalb findet es vor
allem in Form von Profilen, Trägern, Leisten, Pfetten und Platten beim Bau von
Gewächshäusern, Wintergarten- und
Pavillonelementen Verwendung. Aluminium wird in der Regel verschraubt oder
durch Nieten verbunden. Allerdings wirkt
es sehr statisch und läßt kaum indivi-
duelle Lösungen zu. Serien verursachen
hohe Fixkosten für die Herstellung der
Gußformen, können anschließend jedoch preisgünstig sein.

Kunststoffe, meist Tiefziehelemente aus PVC in Form von Gartenmöbeln oder Rohren und Tragekonstruktionen für Pergolen, Rosenbögen oder Wintergärten, sind aus dem Angebot nicht wegzudenken. Man kann sie einfärben, sie sind leicht und für lange Zeit haltbar, bis sie irgendwann brüchig werden, ausbleichen und die verwitterte, rauhe Oberfläche durch Schmutz unansehnlich wird. Im Garten haben sie zur Zeit ein weniger gutes Image. Dort geht der Trend eindeutig in Richtung der natürlichen Baustoffe, die bei Herstellung und Entsorgung für die Umwelt weniger problematisch sind.

9 Kunststoff ist ein bevorzugter Baustoff bei Wintergärten.

Hölzer werden sägerauh, glatt gehobelt oder geriffelt angeboten. Da man auf glattem Holz bei Nässe leicht rutschen und sich verletzen kann, ist für Bodenroste, Holzdecks, Stege und Brücken geriffeltes Holz immer die bessere Lösung. Auch ist das Spiel von Licht und Schatten auf den so strukturierten Oberflächen interessanter.

Fichtenholz stammt aus heimischen oder zumindest europäischen Wäldern und gehört – wie alle Hölzer – zu den nachwachsenden Rohstoffen. Es ist verhältnismäßig preisgünstig, läßt sich gut verarbeiten, ist mäßig schwer und nicht allzu hart. Seine Maserung ist nicht stark ausgeprägt. Es wird häufig zu Lamellenzäunen und Dichtzäunen sowie zu Konstruktionsholz verwendet, mit dem man selber gut bauen kann. Es braucht unbedingt Imprägnierung, sonst beginnt es schnell zu faulen.

10 Formschöne und praktische Rankgitter und Flechtzäune bestehen häufig aus Fichtenholz. Gute Hersteller liefern sie nur in kesseldruck-imprägnierter Qualität.

Kiefernholz dominiert bei Gartenhäusern, Zäunen, rustikalen Gartenmöbeln, Dichtzäunen und Rankelementen. Es ist etwas schwerer und härter als Fichtenholz und hat eine ausgeprägte Maserung. Besonders dauerhaft ist langsam gewachsenes Kiefernholz aus skandinavischen Wäldern in der Nähe des Polarkreises.

Eichenholz ist hart und schwer. Es sieht durch ausgeprägte Maserung gut aus und nimmt schon nach kurzer Zeit eine ausdrucksvolle, silbergraue Patina an, die der von Teak (wird fast nur bei Gartenmöbeln verwendet) ähnelt. Es braucht durch natürliche Imprägnierungsstoffe wie Gerbsäure oberirdisch keinen chemischen Schutz, wohl aber bei Erdkontakt.

11 Diese Pergolaelemente bestehen aus nordischer, langsam gewachsener Kiefer. Eine durchdachte Konstruktion beugt Schäden vor.

12 Eichenholz ist ohne chemische Imprägnierung dauerhaft und schön. Nachteilig ist das hohe Gewicht.

13 Sparen Sie nicht an Schrauben! Grundsätzlich sollten sie aus Edelstahl oder verzinkt sein, sonst rosten sie schon nach kurzer Zeit.

11

12

13

Allerdings reagiert Eiche stark auf unterschiedliche Feuchtigkeitsverhältnisse, es verwindet sich, dehnt sich aus oder schrumpft. Damit sich alles in erträglichen Grenzen hält, sollten Sie nur lange abgelagertes Eichenholz verwenden, Bretter unterseits ca. 0,5 Zentimeter tief einschneiden und nicht nageln, sondern alles gut verschrauben. Besonders dauerhaft ist das Kernholz der Eiche.

Eisenbahnschwellen aus Eiche, eine Zeitlang sehr populär, sind dauerhaft haltbar und sehen gut aus. Allerdings sind sie in der Regel mit Ölen und Imprägnierungsmitteln getränkt, die krankheitserregende, auch krebserzeugende Schadstoffe enthalten. Deshalb wurde ihr neuerlicher Einsatz verboten. Bei älteren Anlagen sollte man sich daher zumindest nicht mit bloßer Haut draufsetzen und bei Neuanlagen auf kesseldruckimprägnierte Palisadenhölzer oder Bohlen ausweichen.

14   Rundhölzer eignen sich perfekt zum Gestalten und Abstützen. Damit sie dem Druck standhalten, tief im Boden einsenken.

15   Aus Umweltgründen werden Eisenbahnschwellen durch imprägnierte Konstruktionshölzer (Gartenschwellen) ersetzt.

16   Querliegende Stämme wirken ruhig und solide. Diese hölzerne Stützmauer wurde mit einer unsichtbaren Konstruktion verschraubt.

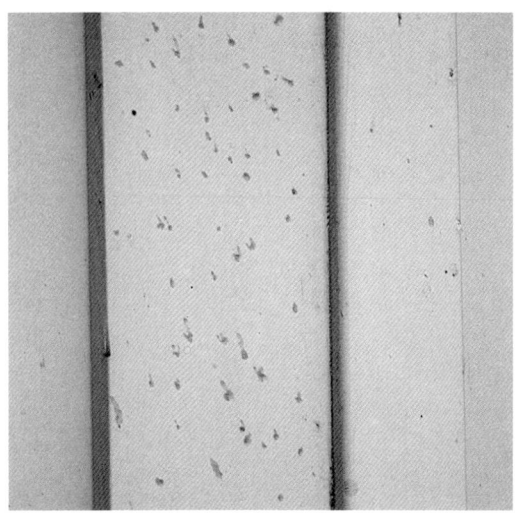

17 Lärchenholz sollte unbedingt zwei Jahre lang abgelagert sein, sonst treten häßliche Harzblasen auf.

Lärchenholz stammt aus heimischen Wäldern, ist lange haltbar und mäßig schwer. Es läßt sich gut verarbeiten und sieht sympathisch aus. Nachteil: Bei frischem Lärchenholz dringen mehr als zwei Jahre lang unaufhörlich Harze nach außen, die sich in vielen Bläschen an der Oberfläche äußern. Man kann sie zwar mit dem Spachtel und durch Schleifen entfernen, doch ist es besser, abgelagertes Holz zu verwenden und mit dem Anstrich nach der Grundierung mindestens zwei Jahre lang zu warten.

Rotzeder, Kanadische Zeder oder Western Red Cedar sind verschiedene Bezeichnungen für das gleiche Produkt. Botanisch heißt der Baum, aus dem es gewonnen wird, *Thuja plicata*, Großer Lebensbaum, ist also keine Zeder. Er kommt in den Wäldern am Pazifik in den USA und Kanada auf riesigen Landstrichen bis hin nach Alaska vor und wird in Aufforstungen nachgepflanzt. Sein Holz zeigt eine edle rotbraune Färbung und feine Maserung. Es neigt sehr wenig zum Reißen oder Verziehen und braucht keinerlei chemischen Schutz, da es durch natürliche, ölige Inhaltsstoffe (Thujaplicine) im Außenbereich lange haltbar bleibt. Allerdings sollte man dafür sorgen, daß dieses Holz keinen Erdkontakt erhält, sondern auf Pfostenankern montiert wird. Rotzeder wird für edlere Sichtblenden, Rankgitter, Pergolen, Bänke, Pflanzkästen und Bodenroste verwendet.

Robinie, Scheinakazie, ist als heimisches, sehr robustes und hartes Holz im Gespräch. In Weinbergen wird es mit guten Erfahrungen schon lange für Rebpfähle verwendet. Pfähle und Latten sind ohne jede Chemie praktisch unbegrenzt haltbar. Allerdings kommt es wegen der gekrümmten Wuchsform der Stämme nicht für Schnitt- und Rundhölzer in größeren Abmessungen in Frage. Außerdem sind die Vorkommen begrenzt.

18 Ein komfortables Gartenhaus aus Rotzeder, das sich dezent in die Bepflanzung fügt.

19 Holzkonstruktionen sind schön und umweltfreundlich.
Allerdings erfordert der Naturbaustoff auch laufende
Pflege. Nach einer sorgfältigen Grundierung erhielt dieser
Pavillon einen zweimaligen Deckanstrich aus offenporiger
Landhausfarbe.

· Holzschutz ist wichtig

Konstruktiven Holzschutz nennen die Hersteller die Maßnahmen, durch die das Regenwasser schnell abläuft und Fäulnis schon im Ansatz vermieden wird. Diese können schon viel dazu beitragen, daß chemische Produkte nur in minimalem Umfang erforderlich werden und das Holz trotzdem ausreichend lange haltbar bleibt. Gerundete oder geschrägte Kanten (Fasen) sehen nicht nur besser aus, sondern sorgen ebenso wie Abdeckprofile und gerundete Pfostenenden dafür, daß kein Wasser stehen bleibt. Gute Produkte erkennt man auch daran, daß beispielsweise die oberen Hölzer bei Rahmen genutet sind und aufsitzen, während die unteren eine Feder oder einen abgeschrägten Falz besitzen, auf denen das Wasser schnell abläuft. Auch Bohrungen an der tiefsten Stelle einer umlaufenden Nut sind wichtig, damit das angesammelte Wasser nicht stehen bleibt. Besonders gefährdet sind nachträgliche Schnitte, quer oder schräg, weil dann trotz Imprägnierung (die ohnehin nur wenige Millimeter tief eindringt) das Hirnholz freiliegt und eindringendem Wasser ausgesetzt ist. Man muß ihre Oberfläche mit Holzschutzmittel gründlich einpinseln und damit schützen. Aber auch eine umlaufende, vollständige Abdeckung von oben hält die Fläche trocken. Dementsprechend sind Pfostenkappen nicht nur als Zierde gedacht, sie schützen auch vor eindringendem Regenwasser und leiten es ab.

Ein sehr wirkungsvoller und unbedenklicher chemischer Holzschutz ist die Kesseldruckimprägnierung. In großen Kesseln dringen gegen Pilze und Insektenschäden imprägnierende chromfreie Salze von allen Seiten in das Hirnholz ein und verleihen ihm eine Haltbarkeit von ca. 30 Jahren. Auch im direkten Erdkontakt bleibt solches Holz lange haltbar. Eine Nachbehandlung mit Deckfarben und Lasuren kann, muß aber nicht erfolgen.

Verzinkte Pfostenanker verhelfen Pergolen oder Sichtschutzblenden zu sicherem Halt. Sie werden in ein frostfrei gegründetes Betonfundament (80 Zentimeter tief) eingesetzt und bilden nach dem Aushärten eine stabile und dauerhafte Auflage. Hierauf oder hierin – je nach Modell des Ankers – werden die tragenden Pfosten mit verzinkten Maschinenschrauben befestigt. Wichtig: Einige Zentimeter Luft lassen bis zum Pfosten, damit das Holz keine Feuchtigkeit anziehen kann.
Die Alternative bei kesseldruckimprägnierten Hölzern ist ein Kiesbett im ca. 90 Zentimeter tiefen Loch. Auch ohne Betonfundament erreichen die Pfosten sicheren Stand. Nur wo der Boden nicht so tief ausgehoben werden kann, empfiehlt sich auch hier die Pfostenanker-Methode.

20   Sorgfalt zahlt sich aus. Glasflächen werden zunächst mit Klebestreifen geschützt. So vermeidet man häßliche Ränder beim Streichen.

Zeichnung 1
Je nach Holzart, Imprägnierung und Bodenverhältnissen empfehlen sich verschiedene Verankerungen.

Zaunpfähle hat man seit alters her vor dem Einbauen in die Erde abgeflammt – die verkohlte Zellschicht desinfiziert und verbessert die Haltbarkeit um Jahre.

Eine weitere einfache Maßnahme ist das Einbetonieren, wodurch der direkte Erdkontakt mit seinen Einwirkungen von Insekten, Pilzen und Mikroben unterbunden wird. Der Betonsockel sollte allerdings einige Zentimeter über der Erdoberfläche abschließen.

Damit die Verbindungen auch nach Jahren noch sauber aussehen, ist es nicht unwichtig, aus welchem Material Schrauben, Nägel oder Klammern gefertigt sind. Sie sollten verzinkt oder aus Edelstahl sein. Normale Eisennägel verunzieren schönes Holz schon nach kurzer Zeit, und auch Messing kann mit den Gerbsäuren des Eichenholzes reagieren.

21 Hier wurde am falschen Platz gespart. Gewöhnliche Eisennägel rosten mit Sicherheit – sogar in geheizten Räumen.

Verschiedene Möglichkeiten, Pfosten zu setzen

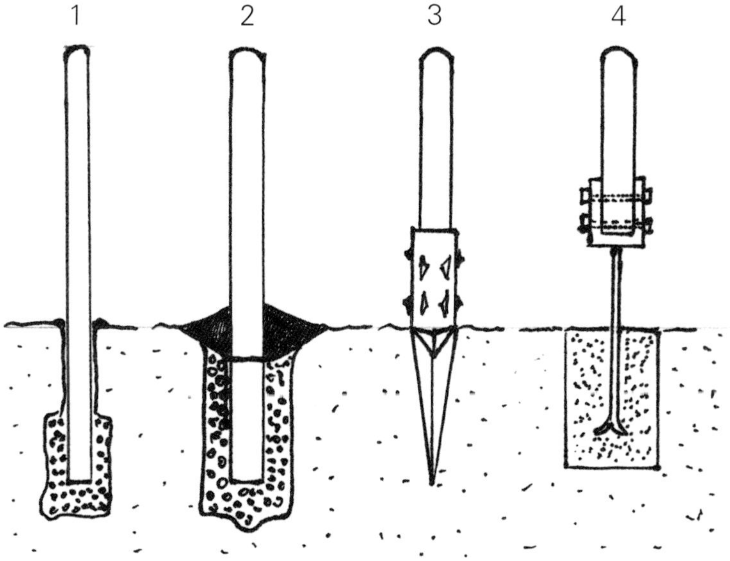

1   2   3   4

1) Kesseldruckimprägniertes Holz in Erde setzen. 20 cm Kiesbett als Drainage.
2) Kombiniertes Kies-/Betonbett mit erhöhtem Fuß als Wasserablauf. Für kesseldruckimprägniertes Holz.
3) Pfahlstütze aus verzinktem Stahl. Wird in den Boden geschlagen. Aufgesetzter Pfosten. Ohne Bodenkontakt.
4) Pfostenanker mit einbetoniertem Schutz zum Aufschrauben. Vermeidet jeden Bodenkontakt. Für Rotzederholz.

Fundamente und Leitungen

Daß der Platz, auf dem Laube, Pergola oder Gartenhaus stehen soll, nicht wellig und schief sein darf, ergibt sich von selbst. Im allgemeinen genügt eine eben geschobene Fläche.

Betonplatte

Für Gartenhäuser aus fertigen Systemen empfehlen die Hersteller eine 15 Zentimeter hohe Schicht aus grobem Kies, die kein stauendes Wasser zuläßt. Da diese Häuser in der Regel in sich tragend und stabil sind, reicht das in der Mehrzahl der Fälle aus. Noch besser ist eine Betonplatte in der Größe des Grundrisses (vgl. S. 60 und 79). Hier können auch die nötigen Stromleitungen und Anschlüsse für Wasser und Abwasser verlegt werden.
Hierfür wird zunächst eine Schalung in der Grundrißform erstellt und darin eine ca. zehn Zentimeter hohe Kiesschicht ausgebracht. Nun folgen Baustahlmatten, die später für Stabilität gegen Schub- und Zugkräfte sorgen. Sie werden in eine zehn Zentimeter hohe Betonschicht (1:6 oder Fertigbeton) eingebettet. Mit einem genügend langen Brett zieht man das Ganze ab und läßt es zwei bis drei Tage lang aushärten. Damit es beim Bauen keine Beschädigung der verlegten Leitungen gibt, hüllt man sie in Styropor oder andere isolierende Materialien und verschließt die Enden mit Klebestreifen. Der Unterbau des Fußbodens muß ganz sorgfältig ausnivelliert oder mit der Wasserwaage gerichtet werden, damit das Haus später »in Waage« steht. Sein Un-

terbau besteht aus einer stabilen Vier-
kantbalkenlage. Als Isolierung gegen aufsteigende Feuchte werden Streifen mit
Bitumenpappe untergelegt.

Streifenfundament

Für gemauerte Gartenhäuser sieht das
Fundament anders aus. Ein mindestens
20 Zentimeter breites Streifenfundament
ist hier angebracht. Mindestens 60, besser aber 70 bis 80 Zentimeter Tiefe sind
notwendig, damit es auch in kalten Win-

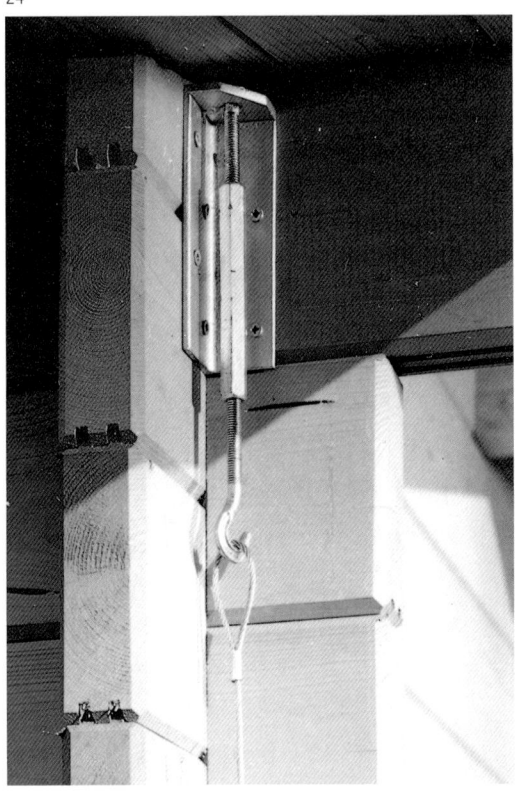

24

23

23   Mit vier zusätzlichen
Verankerungen kann man
Gartenhäuser gegen
starke Stürme schützen.
Die untere Öse wird im
Boden einbetoniert.

24   So sieht der obere
Teil des Eckspannsystems
aus. Das Seil wird in
den Haken eingeklinkt
und durch Schrauben
auf straffe Spannung
gebracht.

Zeichnungen 2–4
Verschiedene Möglichkei-
ten, Pfosten zu befestigen
(von oben nach unten):

Der verzinkte und somit
korrosionsgeschützte
Pfostenanker in U-Form
wird mit der Lasche im
Boden einbetoniert. Der
Pfosten wird mit langen,
durchgebohrten Schrauben
fest verankert. Ideal für
Pergolen.

Der H-förmige Pfosten-
anker ruht auf festem Fundament. Der Pfosten steht
frei und kann gut abtrock-
nen. Ideal für Rotzeder.

Eine Verankerung mit auf-
sitzendem Schuh, der
angeschraubt wird. Die
Dübel sind in Beton ein-
gelassen. Geeignet für
nachträgliche Anbringung,
z. B. von Zäunen und
Sichtblenden.

Vorherige Seite:
22   Das Chinesische
Gartenhaus steht mitten
in einem künstlichen
Teich. Die Folie reicht
bis zum Wasserspiegel.

tern in frostfreie Zonen reicht und nicht dem unberechenbaren Frostdruck nachgibt. Der Graben wird mindestens schaufelbreit ausgehoben und mit Beton (1:6-7) oder entsprechendem Fertigbeton gefüllt, durch Stampfen verdichtet und in der vorgesehenen Höhe mit Brett und Kelle glatt gezogen. Bei dieser Gelegenheit können im Fundament eventuell überzählige Steine mit verbaut werden. Zum Abbinden braucht Beton genug Feuchtigkeit, deshalb sollten Sie ihn in den ersten Stunden von Zeit zu Zeit mit Wasser abbrausen. In ein Streifenfundament können gleich Pfostenanker für hölzerne Pfeiler einbetoniert oder später an passender Stelle aufgedübelt werden. Vergessen Sie nicht die Streifen aus Bitumenpappe gegen aufsteigende Bodenfeuchte!

Punktfundament

Punktfundamente sind geeignet, um Pfostenanker in H-Form, U-Form, Winkelform oder mit »Schuh« aufzunehmen. In ihnen werden später die Pfosten für Sichtblenden und Pergolen festgelascht und mit feuerverzinkten Schlüsselschrauben verschraubt. Auch Punktfundamente brauchen eine frostfreie Gründung und damit die erwähnte Tiefe. Der Betonsockel sollte mindestens 20 × 20 Zentimeter weit sein und genügend hoch über dem Boden abschließen, damit keine Bodenfeuchtigkeit ins Holz ziehen kann.

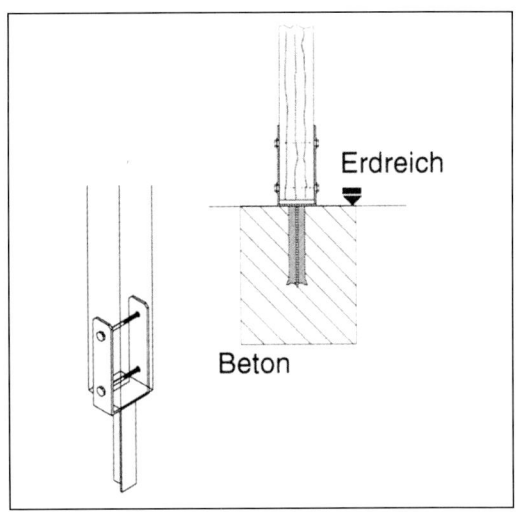

Erdreich

Beton

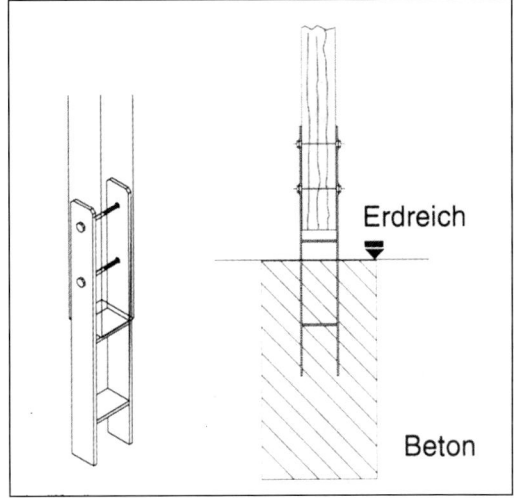

Erdreich

Beton

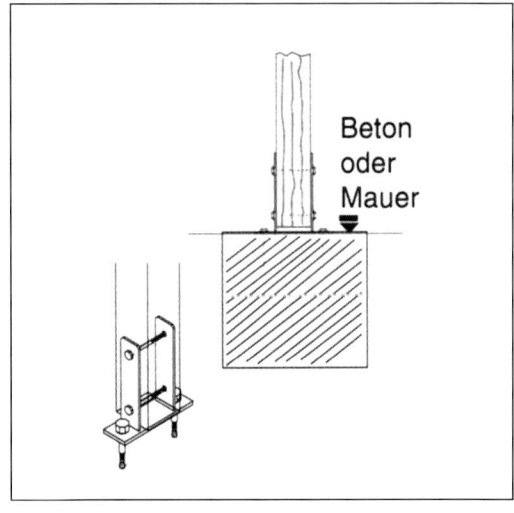

Beton oder Mauer

25   Wasser ist nicht
nur idyllisch, sondern
auch lebenswichtig für
die Pflanzen und den
Komfort im Gartenhaus.
Verlegen Sie die Lei-
tungen genügend tief.

26   Elektroanschlüsse
sind nichts für Selber-
macher. Besonders im
Außenbereich ist ein
Fachmann notwendig.

Leitungen

Wasserleitungen aus elastischem Hart-PVC platzen im Vergleich zu Metallrohren bei Frost weniger schnell. Damit sie nie einfrieren können, werden sie in Gräben von mindestens 70 Zentimeter Tiefe verlegt. Für sehr strenge und lang anhaltende Kälte dürfte selbst diese Tiefe nicht ausreichen. Wenn möglich sind deswegen 100 Zentimeter besser. Zum Ausbaggern längerer Gräben lohnt es sich, zum Tagessatz ein entsprechendes Leihgerät zu ordern.

Elektrokabel müssen auf den künftigen Verbrauch ausgerichtet sein und den nötigen Querschnitt besitzen. Klären Sie ab, ob normaler Wechselstrom mit 230 Volt reicht oder ob Sie eventuell Kraftstrom brauchen. Für Elektroarbeiten im Außenbereich benötigen Sie immer einen zugelassenen Fachmann, der den nötigen Bedarf mit allen Konsequenzen ausrechnet und später auch für die Sicherheit bürgt. Die Zahl und die Leistungen der anzuschließenden Elektrogeräte müssen also zu diesem Zeitpunkt schon bekannt sein, sonst kann es später sein, daß die Kabel- und Sicherungsleistung nicht reicht (und auch nicht mehr vergrößert werden kann).

26

Tip: Leitungen werden durch zusätzlich eingelegte Plastikstreifen gekennzeichnet. Bevor die Gräben zugeschüttet werden, sollten Sie den gesamten Verlauf fotografieren und dabei wichtige Orientierungspunkte wie zum Beispiel Gebäude oder große Bäume für spätere Zeiten festhalten.

Dachbedeckung

Ob Pavillon oder Kinderhäuschen, ob Garten- oder Gerätehaus – alle besitzen ein Dach, das zweckmäßig und dauerhaft sein muß. Es ist zudem ein wesentliches Element des Bauwerkes, das in seiner Form, der Konstruktion und mit dem verwendeten Material sein Aussehen bestimmt.

Bei Pavillons, in denen Pflanzen gezogen werden, entsprechen die Verhältnisse denen im Wintergarten oder Gewächshaus, das Dach sollte aus Glas (Sicherheitsglas) bestehen. Halten sich darin öfter Menschen auf, die gern mollig warm sitzen, bietet sich wärmedämmendes Isolierglas an. Wegen der sternförmigen Dachkonstruktion müssen die Scheiben einzeln passend zugeschnitten werden, was die Kosten erheblich erhöht.

Doch es fragt sich, ob man wirklich so aufwendig bauen muß. In Belgien und Dänemark, also in Küstenländern mit weniger kalten Wintern, bestehen viele Pavillons generell aus Segmenten von Kunststoffglas, das sich auch Rundungen hervorragend anpaßt. Für die meisten Kübelpflanzen reicht eine gerade frostfreie Überwinterung aus, und wenn Sie den Pavillon im Winter nicht nutzen wollen, erledigt sich die Frage ohnehin.

Für Gartenhäuser bieten sich zur Bedeckung von Dächern und Wänden Schindeln aus Holz an, wobei Western Red Cedar zwar haltbar ist und sehr natürlich aussieht, aber oft kein einheitliches Format besitzt. Das Eindecken dauert dann länger. Die häufigere Alternative sind Holzschindeln aus Kiefer in Biberschwanzform und standardisierten Größen (Breite 9,5 cm, Länge 30 cm und

28   Holzschindeln sehen rustikal aus und sind sehr lange haltbar. Die Kanten werden mit Metallschürzen abgedeckt.

27   In Wintergärten und Pavillons muß der Dachbereich aus Sicherheitsglas sein. Isolierglas spart wertvolle Energie.

29 Bitumenschindeln, ebenfalls lange haltbar, vermitteln einen sauberen, aufgeräumten Eindruck. Sie passen sich auch komplizierten Formen an.

Dicke 8 mm) oder Bitumenschindeln in Rotbraun oder Schiefergrau, die überlappend verlegt und vernagelt werden. Schindeln verleihen dem Haus ein gemütliches Aussehen. Sie fügen sich jeder Form an und sind lange haltbar.

Mit wetterfestem Nylongewebe kann man sehr schnell und preisgünstig ein helles, freundliches Dach schaffen, das sich nach Belieben auch abknüpfen läßt. Dann bleibt ein Rankgerüst übrig, das mit vielen Pflanzen zum »grünen Zimmer« wird. Manche Pavillonsysteme sind so aufgebaut, daß sich aus einem einfachen Tragegerüst im Nu ein fast komplettes Gartenhaus errichten läßt. Sympathischer in Muster und Aussehen als das unempfindlichere Nylongewebe sind

Baumwoll- oder Nesselstoffe. Allerdings können sie als natürliche Materialien trotz Imprägnierung nach einiger Zeit wegen Pilzbefalls unansehnlich werden.

Solche Stoffe kann man zeltartig zuschneiden, umbördeln und mit Ösen zum Spannen versehen. Ein Sonnensegel schützt zwar nicht sonderlich vor Regen und Wind, dafür sieht es flott aus und gibt Schatten – gerade richtig für ein Sommerfest.

30   Das Dach dieses Systembau-Pavillons besteht aus einer abknüpfbaren Haube aus Nylongewebe.

Schilfdächer führen mehrere Hersteller im Angebot. Sie wirken rustikal und anheimelnd. Dachpappe ist preisgünstig und lange haltbar, allerdings nicht so hübsch. Ein Grasdach mit Sedumsprossen oder Blumenwiese ist bei Gartenhäusern und Carports gern gesehen. Es dämmt, schützt vor übermäßiger Hitze und Kälte gleichermaßen und ist nicht nur ein nützlicher Beitrag zur Förderung der Umwelt, sondern bietet ein Stück zusätzlichen Garten. Das Grün auf dem Dach sieht von allen Seiten gut aus und ist – gerade bei knappem Platz – eine gute Lösung. Preisgünstige Fertigpakete, die alles enthalten, was man braucht, gibt es sogar schon in Baumärkten.

31

31   So sieht das »Ur-Gründach« nach jahrhundertealter norwegischer Methode aus. Die Blumenwiese gedeiht auf einem Borkendach.

32   In diesem Pavillon, umgeben von Wasser, kann man sich richtig entspannen.

Die richtigen Farben und Lasuren

Es ist alles eine Frage von Aufwand und Nutzen. Natürlich kann man der Meinung sein, daß ein preisgünstiger Jäger- oder Lattenzaun keine 100 Jahre lang halten muß und daß er, »nur um dieses Alter in Schönheit zu erreichen«, nicht unbedingt alle zwei Jahre einen aufwendigen Holzschutzanstrich braucht. Solche ökologischen Gesichtspunkte haben ihren berechtigten Sinn. Soviel wie nötig, so wenig wie möglich, das gilt auch für den Schutz von Bauholz, das ja seines natürlichen Schutzes, der Rinde, beraubt wurde. Anstriche verleihen dem Holz wieder eine schützende Haut. Sie machen es unempfindlich gegen die Einwirkung der Sonne mit ihrem UV-Licht, das die Zellen zerstört, gegen Wasser, das Holz quellen und reißen läßt, Feuchte bringt und damit eine Lebensbasis für Pilze schafft, gegen Luftschadstoffe und austrocknenden Wind. Bei andauernder Feuchte von mehr als 20 Prozent wird das Holz schnell von Bläue und anderen Schimmelpilzen befallen. Im Inneren von Räumen haben sie jedoch keine Chance, dort halten sich Hölzer auch ohne jede Behandlung sehr lange. Eine gut durchdachte Konstruktion ist daher das Wichtigste, sie kann vorbeugend den Einsatz von Holzschutzmitteln auf das absolut Notwendige reduzieren und darf deshalb auch etwas teurer sein.
Anstriche haben mehrere Aufgaben. Sie sollen sich leicht verarbeiten und überstreichen lassen, dabei eine elastische, offenporige Haut bilden, die Wasser abweist, ausdampfende Feuchte jedoch

33   Weiße Farbe ist schön, aber sehr empfindlich. Besonders unter Bäumen muß man häufig streichen.

34   Rankgitterelemente verleihen Gärten Struktur. Im Winter wird dies besonders deutlich.

passieren läßt. Farbige Pigmentierung hält die UV-Strahlung ab und helle Farbtöne mindern die Wärmeentwicklung bei Sonnenschein.

Dabei unterscheiden wir unterschiedliche Anstriche:

■ Imprägnierende Lasuren, bestehend aus Pigmenten und leichten Ölen. Sie ziehen ein und lassen die Maserung deutlich durchscheinen. Nach zwei Jahren bei hellen Tönen, nach vier bis fünf Jahren bei dunklen Tönen sollte man neu streichen.

■ Deckfarben enthalten meist keine Biozide. Sie bilden einen dichten Film, der bis zu acht Jahre hält.

Wenn ein Anstrich gut gegen die Feuchtigkeit schützt, ist schon sehr viel gewonnen. Holzschutzlasuren enthalten Biozide, also Insektizide und Fungizide gegen Pilze und Schimmel. Sie dringen längst nicht so tief ein wie die weit verbreiteten Imprägniersalze und müssen daher öfter erneuert werden.

Naturbelassene Hölzer wie Fichte oder Kiefer benötigen einen zweimaligen Anstrich mit ölhaltigen Mitteln (wie z. B. das Teerölpräparat Carbolineum), sonst werden sie schnell von Fäulnisbakterien, Bläue und anderen Schimmelpilzen angegriffen und allmählich zersetzt oder von Algen besiedelt. Dieser Prozeß dauert bei Erdkontakt keine sechs bis sieben Jahre, dann ist die Zerstörung schon weit

■ Zunächst werden die Hölzer getrocknet und verarbeitet.

■ Die fertig hergestellten Rankgitter oder Hauselemente werden in einem zweiten Schritt in einer voluminösen Anlage in einer farblosen Lasur doppelt vakuumimprägniert. Dadurch kommt das Mittel überall dorthin, wo es gebraucht wird: ins Hirnholz, an die Zapfen- und Schlitzverbindungen. Gerade im Freien muß Holz dauerhaft gegen Pilze und Insekten geschützt werden, auch unter deckenden Farben.

■ Erst jetzt werden die Elemente im Tauchverfahren mit Farbe grundiert.

■ Bei einem Zwischenschliff werden maschinell und von Hand Risse verspachtelt und geglättet, anschließend wird das Ganze für die folgende Lasierung angerauht.

■ Der zweite Farbauftrag wird für durchscheinende Lasuren zweimal im Tauchverfahren vorgenommen. Deckende Lasuren werden per Hand aufgesprüht.

■ Anschließend erhalten die Produkte eine aufwendige Verpackung, denn schließlich soll alles heil und ohne Kratzer ankommen.

fortgeschritten. Solche Mittel dürfen auf keinen Fall im Inneren eines Gebäudes zur Anwendung kommen.

Pflanzenschädliche Präparate sind zwar weitgehend aus dem Angebot verschwunden, doch sicherheitshalber sollten Sie sich überzeugen, was Sie einkaufen. Holzschutzmittel müssen das Prüfzeichen des Institutes für Bautechnik in Berlin besitzen, das die Anwendungsformen und Einsatzbereiche festlegt.

Kauft man fertige Produkte im Handel, fällt auf, daß farbig kolorierte Produkte im Vergleich zu unbehandelten relativ teuer sind. Das nährt die Überlegung, ob sich diese Ausgabe wirklich lohnt oder ob man nicht besser alles selber streicht. Zur Erklärung seien die aufwendigen Arbeitsabläufe im Werk skizziert:

Wer selber streichen will, kann all diese Schritte sicherlich kaum nachvollziehen:

■ Generell aber muß die Holzoberfläche sauber und trocken sein (maximal 20 % Feuchte), außerdem frostfrei, denn bei zu tiefen Temperaturen macht das Streichen keinen Sinn.

36   Kletterpflanzen
suchen Halt in kleinsten
Ritzen. Wer den Anfän-
gen wehrt, muß später
keine Probleme be-
fürchten.

■ Alte Lackanstriche müssen mit einem Schwingschleifer ganz entfernt
werden. Alte Anstriche mit offenporigen
Farben braucht man dagegen nur mit
der Drahtbürste oder einem Schleif-
schwamm zu säubern. Dann kann man
sie mit Deckfarbe überstreichen.

■ Eisenteile werden sorgfältig von Rost
und Fett befreit. Frisch verzinktes Metall,
zum Beispiel von Dachrinnen, wird ab-
gelaugt.

■ Beton und Eternit können besondere
Probleme bereiten. Eventuell sollte man
mit Tiefgrund isolieren. Ein Probeanstrich
verschafft Klarheit.

Das mühsame Lackabkratzen und Ab-
brennen von früher ist vorbei. Heute verwendet man im Innen- und Außenbereich weitgehend giftfreie Lasuren, die in

Abständen von zwei bis fünf Jahren einfach übergestrichen werden. Es gibt
schnelltrocknende Farben auf Wasser-
oder Ölbasis von verschiedenen Herstellern. Ihr Händler wird Sie entsprechend
beraten.

Aus eigenen mehrjährigen Erfahrungen
mit unterschiedlichen Farben resultiert
meine Empfehlung für die »Osmo-Color-
Landhausfarbe«. Im Gegensatz zu anderen hat sie alle Wünsche erfüllt. Die
Landhausfarbe eignet sich für außen
und innen. Letzteres, weil der getrockne-

te Anstrich unbedenklich ist für Mensch, Tier und Pflanze (speichel- und schweißecht, für Kinderspielzeuge geeignet) und zudem schwer entflammbar. Er enthält auch keine Gift- und Reizstoffe, die selbst in natürlichen Grundstoffen vorkommen können. Diese offenporige Farbe ist auf der Basis natürlicher, pflanzlicher Öle aufgebaut, die tief in das Holz eindringen. Solche Bindemittel sind zum Beispiel Sojaöl, Leinöl, Sonnenblumenöl und Distelöl, jeweils gesundheitlich unbedenklich aufbereitet. Das Holz kann so atmen und trocknet nicht aus, Feuchtigkeit kann entweichen. Über 50 Prozent bleibende Bestandteile (der Rest ist benzolfreies, entaromatisiertes Testbenzin entsprechend den Reinheitsanforderungen des Deutschen Arzneibuches) bewirken die lange Haltbarkeit. Die farbgebenden Pigmente werden aus natürlichen Erzen gewonnen: Gelb, Orange, Rot, Braun und Schwarz aus Eisenoxyden, Weiß aus Titanoxyden. Die Farbe reißt nicht und blättert nicht ab, wirft auch keine Blasen. Sie deckt in zwei Anstrichen, wobei die Holzstruktur erhalten bleibt. Sollte ein neuer Anstrich notwendig sein, wird einfach gesäubert und übergestrichen.

Gehen wir von troggetränkten oder auf Salzbasis kesseldruckimprägnierten Hölzern aus, dann empfehlen sich folgende Verfahren:

Im Außenbereich: Die genannte Farbe enthält keinen Schutz gegen Holzschädlinge und Pilze. Wird er gewünscht, bedeutet dies einen allseitigen, vorbereitenden Anstrich mit einer farblosen Imprägnierung. Sie soll wasserabweisend und vorbeugend wirksam sein gegen Bläuepilze, Fäulnis und Insektenbefall (zum Beispiel Holzbock).

Mit Osmo-Color-Holzprotektor auf der Basis von Carnauba- und Candellila-Wachs können Sie Ihr Holz außen und innen ganz natürlich ohne Biozide vorbeugend gegen Bläue und Schimmelbefall schützen, jedoch nicht gegen Insekten. Jeweils zwölf Stunden sollten die Lasuren trocknen. Danach wird neues Holz vor der Montage mit Landhausfarbe einmal übergestrichen (Grundierung) und nach dem Anbringen ein zweites Mal mit einem deckenden Anstrich versehen.

Im Innenbereich: Entweder vorstreichen mit dem schützenden Osmo-Color-Holzprotektor oder sofort mit Osmo-Color-Landhausfarbe grundieren und nach dem Trocknen (zwölf Stunden) mit einem zweiten Deckanstrich die Arbeit beenden. Bei Erneuerung genügt ein Anstrich.

37   Dieser Eingangs-
bereich mit Pergola
wurde nachträglich
mit stabilen, leichten
Doppelstegplatten aus
Acrylglas überdacht.

Bauvorschriften

So fließend wie die Übergänge von der Laube zum Gartenhaus, so unterschiedlich sind auch die behördlichen Regelungen. Kleinstbauten bis zu einem gewissen Umfang und umbauter Raum wie Kinderhäuser, Gerätehäuser oder Lauben und Kleingewächshäuser sind meist genehmigungsfrei, wenn sie nicht fest per Fundament mit dem Gebäude verbunden sind. Grundsätzlich aber gelten die besprochenen Objekte als Gebäude, für deren Aufstellung die Kommunen Regeln erlassen haben.

Die Hersteller können zu ihren Produkten Ratschläge erteilen, stellen auch Unterlagen für die Baugenehmigung bereit oder sind bei deren Erlangung behilflich.

Sie können bei der zuständigen Baubehörde Ihrer Stadt oder des Landkreises eine unverbindliche Bauvoranfrage stellen, die noch nichts kostet und Ihnen die örtlichen Regelungen bekanntgibt.

In Kleingärten ist nach dem Kleingartengesetz die Laubengröße auf 24 Quadratmeter begrenzt. Die Laube darf zwar tagsüber genutzt, aber nicht dauernd bewohnt werden.

38 Für Baumlauben gibt es keine Bauvorschriften. Unter dem grünen Dach sitzt man gerade an heißen Tagen bequem.

39 Dieses schöne Gar-
tenhaus wird als ruhige
Gästewohnung und
als Atelier zum Arbeiten
genutzt.

Vielfalt der Gartengebäude

40   Von November bis Mai dient der Pavillon als Überwinterungsquartier für empfindliche Kübelpflanzen. Hier kann man im Warmen sitzen, wenn es draußen friert oder schneit und Blumendüfte genießen.

Gewachsene Lauben

In der Bibel wird vom »Laubhüttenfest« berichtet, das im jüdischen Kulturkreis traditionell noch heute mit großem Aufwand begangen wird. Lauben können in ihrer einfachsten Form kunstvoll zusammengesteckte Zweige sein, wie sie schon unsere Vorfahren benutzten. Heute sind solche Hütten wieder populär geworden, vor allem in Naturgärten und auf Kinderspielplätzen. Frisch geschnittene Weidenruten dienen als ideales Baumaterial. Man kann sie im Winter mit jeweils 20 Zentimeter Abstand in den Boden stecken und miteinander quer verflechten. Es ist nicht schwer, zu erahnen, was dann passiert. Im Frühling, innerhalb weniger Wochen, schlagen diese Ruten Wurzeln und treiben aus. Üppiges Grün sorgt bald für Schatten und gibt Ausluge frei, die die Kinder begeistern. Später allerdings muß man die überbordende Vegetation ab und an mit rabiatem Schnitt im Zaume halten.

41   Die Laube aus Weidenruten wächst innerhalb von einem Sommer heran.

42 Geschmeidige Ruten
lassen sich zu rustikalen
Flechtzäunen verarbeiten.

43 Unter dieser Hänge-
buche ist es immer
schattig und kühl. Die
gewachsene Laube
ist luftig und geräumig.

Tip: Eine englische Hainbuchenlaube
wird nach folgendem Muster gebaut:
Pflanzen Sie auf einem Areal (vier oder
fünf Meter im Quadrat) in die Ecken
jeweils drei Pflanzen oder Pflanzen mit
je drei Trieben. Zwei Triebe werden jeweils
nach rechts und links gebogen und nach
Erreichen entsprechender Größe anein-
andergebunden. Die dritten bilden die
Diagonalen und treffen sich im Zentrum.
Nach einigen Jahren ergibt sich eine
kuschelige Laube, die durch Schnitt in
Form gehalten wird. Man kann die Pflanzen
auch im Halbkreis anordnen, so daß eine
Muschelform entsteht.

44   Geschnittene
Hainbuchenhecken fügen
sich zu einem stilvollen
grünen Aufenthaltsraum
für sonnige Tage.

Schnell errichtet ist auch ein Indianerzelt aus Feuerbohnen. Es hat den Vorteil, daß es außer einem Pfahl, daran angebundenen Seilen und einer Portion Saatgut zum Beranken nichts kostet. Bei einer Aussaat Mitte Mai haben die schnellen Schlinger schon im Juli alles begrünt. Umgeben von leuchtendroten oder weißen Blüten können die Kinder den Schatten genießen. Schon wenig später bilden sich Hülsen, die, gekocht, ein schmackhaftes Gemüse sind und,

frisch geerntet, sich einfrieren lassen. Auch die großen, violett-schwarzen Samen sind interessant. Ein deftiger Bauernsalat daraus stillt den Hunger und wer will, kann sie zum Basteln benutzen.

45 Heiße Sommertage sind vergangen – der Herbst kommt mit den feurigen Farben des Wilden Weins.

46 Eine solche Laube hält keinen Regen ab. Trotzdem ist der Aufenthalt unter dem lauschigen Dach sehr entspannend.

Für Ziergärten bieten sich weitere Möglichkeiten an. Aus den Hängeformen der Esche, Buche, Birke, Ulme oder zartrosa Zierkirsche (*Prunus subhirtella pendula*) kann man mit wenig Schnittaufwand eine originelle, grüne Laube gestalten, unter der eine Bank oder einige Stühle Platz finden. Eine Attraktion in größeren Gärten sind Hängebuchen, unter deren schützendem Dach Platz ist, um ganze Parties zu feiern.

Geborgen sitzt man auch in grünen Lauben aus Heckenpflanzen. Weißdorn, Kornelkirschen, Hainbuchen, Linden, aber auch Eichen und die gelb blühen-

den Forsythien sind wüchsige sommergrüne Gehölze, die recht einfach zu schneiden sind und sich zu hübschen, kleinen Lauben formen lassen. Wer an Immergrünes denkt, findet sicherlich Gefallen am weißblühenden Kirschlorbeer (*Prunus laurocerasus*) mit seinen lappenförmigen, glänzenden Blättern oder an Liguster. Beide sind schnellwüchsige Gehölze, die bei regelmäßigem Schnitt ausgangs des Sommers eine dichte Verzweigung bilden. Besonders gut formbar sind Buchs und Eibe. Sie wachsen allerdings langsam und sind in Gartencentern entsprechend teuer.

Damit die einmal gewählte Form mit Bögen, Türcn, Fenstern auch nach Jahren erhalten bleibt, baut man sich zunächst Rahmen aus Holz oder Metall, entweder transportabel oder fest installiert – wobei letztere allmählich im Grün verschwinden werden. Sehr gute Laubenbildner sind die verschiedenen Zierformen des immergrünen Efeus, die man im Alter auch in Form schneiden kann. Allerdings brauchen die weichen Triebe eine Unterlage zum Klimmen, zum Beispiel ein Rankgitter oder einen Maschendrahtzaun. Fragen Sie beim Pflanzenkauf nach der Winterhärte; sie kann sehr verschieden sein.

Bei der Gestaltung ist Ihre Kreativität gefragt. Originell ist zum Beipiel die senkrecht gestellte Hälfte eines alten Ruderbootes, das als rundum schützende Mulde mit einer Bank darin Schatten und Zuflucht bei Schauerwetter bietet.

Tip: Buchs können Sie leicht durch Stecklinge vermehren. Es werden ca. zehn Zentimeter lange Triebspitzen genommen und an schattiger, immer feuchter Stelle ca. drei Zentimeter tief in die Erde gesteckt. Die Jahreszeit spielt bei Buchs keine Rolle. Nach sechs bis neun Monaten haben sich zum Verpflanzen genügend Wurzeln gebildet.

47   Schützend wölbt sich das Laubkleid des Bäumchens über den Sitzplatz mit der grüngestrichenen Holzbank.

48   So findet das alte Ruderboot noch eine zünftige Verwendung. Es schützt vor Regenschauern und Wind.

48

49 Kaiserwinde
(Ipomoea tricolor) und
Schwarze Susanne
(Thunbergia alata)
sind beide einjährige
Schlinger.

Gebaute Lauben

Mit dem Begriff der Laube verbinden sich immer Pflanzen. Engländer sind phantasievolle Spezialisten, wenn es darum geht, vor allem den kletternden Pflanzen eine Daseinsberechtigung zu geben.

Auf den ersten Blick ungewohnt, aber praktisch, sind romantische Lauben aus Stahlrohr. Meist handelt es sich um Systeme, die auf das verspielte Design der Jahrhundertwende zurückgreifen. Oft sind es bekannte oder witzige Kunstwerke der Vergangenheit, die preisgünstig in Serie hergestellt werden. Man kann daraus winzig kleine oder größere Lauben für den stilgerechten Bauerngarten zusammenstecken. Etwa 40 Zentimeter tief in den Boden geschlagen, bieten die luftigen Konstruktionen dauerhaften Halt. Achten Sie darauf, daß die Rohre feuerverzinkt sind oder aus pflegeleichtem Aluminium bestehen. Eine unverzinkte Eisenkonstruktion würde bald rosten, auch wenn sie mit deckendem Kunststofflack oder schwarzer Pulverbeschichtung geschützt ist.

Duftende Wicken, schwarzäugige Susanne, himmelblaue Kaiserwinden, blaue Glockenreben oder rankende Ka-

50 »Gazebo« nennt man in England solche pflanzenumschlungenen Lauben aus gebogenem Eisen.

puzinerkresse hüllen alles innerhalb weniger Wochen ein und zaubern ein Blütenmeer hervor. Solche Lauben bieten zwar Schatten, aber kaum wirksamen Schutz gegen Regen. Dafür sind sie in hervorragender Weise geeignet, Blickpunkte und optische Höhepunkte zu schaffen, zu denen man über verschlungene Wege gelangt. Außerdem steigern sie den Spaß am Garten. Er, sie oder vielleicht auch beide zusammen, lassen sich hier gerne mit einem Buch oder einer Zeitschrift nieder. Ein kühlender Wind streicht durchs Haar und geruhsame Stunden vergehen auf angenehme Weise. Ist die Laube größer, kommt sicher unter dem dichten Blätterdach oft eine fröhliche Runde zusammen.

Weinlauben waren schon immer beliebt: Die frische Luft und der Schatten des Baldachins aus blauen oder weißen Reben, die in luftiger Höhe und in der Sonne viel besser reifen, locken jung und alt. Übrigens: seit es die robusten und frühen »Ökoreben« gibt (besonders gut und krankheitsresistent ist 'Boskoops Glorie'; gibt es in Blau und Weiß), sind Weinlauben kein Privileg des Südens mehr. Diese Trauben reifen zuverlässig auch im Norden.

51   Die Weinlaube steht
für eine größere Gesell-
schaft bereit. Unter dem
luftigen Dach vergehen
die Stunden auf ange-
nehme Weise.

52 Efeu umrankt die stilvolle Gartenlaube. Das Pflanzenkleid sieht gut aus und bietet Schutz für viele Nützlinge.

Moderne offene Lauben entstehen vielfach aus hölzernen Elementen, die man vorgefertigt kauft und selbst zusammenfügt. In den erwähnten Stecksystemen gibt es gebogene oder gewölbte Metallgerüste mit stabilen Spanndrähten für die Rebenkordons.

Eigene Ideen lassen sich zusammen mit einem erfahrenen Schlossereibetrieb verwirklichen. Meist jedoch findet man in Katalogen oder Mustergärten das Objekt seiner Lauben-Wahl. Gartenstil, Pflanzung und Umgebung sollen miteinander harmonieren. Für die Entscheidung kann es hilfreich sein, sich in die Muster im Gartencenter einmal hineinzusetzen.

53   Ein stilvoller und
formschöner Pavillon
aus pflegeleichtem
Aluminium. Die Einbrenn-
Lackierung gibt es in
vielen Farben.

Pavillons

Ein Pavillon hat in der Regel ein festes Dach und seine Formen sind streng geometrisch, entweder quadratisch oder – viel häufiger – sechseckig, achteckig oder rund. Diese gefällig wirkende Mischung zwischen einem Gartenhaus und der luftigen Laube hat mehr oder weniger geschlossene Seiten, Fenster und Türen, oft auch nur transparente Wände mit Rankwänden. Harmonische Proportionen, nostalgische Zierelemente und edle oder rustikale Farben machen den Pavillon zu einer optischen Attraktion im Garten, zu einem Mittelpunkt, der in einem entsprechenden Rahmen stehen will. Geschlungene Wege führen zum Pavillon hin. Man kann sich aber auch eine Blickachse gestalten, an deren Ende als krönender Abschluß das schöne Bauwerk steht.

Der Pavillon lädt zum Plaudern, Feiern und Ausruhen ein. Sein besonderer Reiz liegt auch darin, daß man aus einem geschützten, warmen Raum – von duftenden Kübelpflanzen umgeben – nach draußen schauen kann. Wurde das Dach aus Glas gebaut, bietet sich sogar ein Blick in die ziehenden Wolken.

Je nach Geschmack des Besitzers gehört ein so anspruchsvolles Bauwerk auf ein stilvoll gemauertes Podest, damit es voll zur Wirkung kommt. Sie sollten allerdings versuchen, einen optischen Übergang zum übrigen Garten zu schaffen – durch einen naheliegenden Strauch, der die harten Kanten bricht, und durch Kletterpflanzen, die mit ihren Ranken alles verspielt umschlingen.

Pavillons aus zierlichen Metallgittern wirken elegant und luftig. Kletterpflanzen klimmen daran hoch und bereiten ein flirrendes, blühendes Dach und Wände, die nicht alles verbergen.

Konstruktionen aus Aluminium sind als Serienmodelle relativ preiswert und sehr pflegeleicht, weil sie kaum Wartung benötigen. Hauptsächlich werden sie als Gewächshäuser zur Pflanzenanzucht und zum Überwintern von Kübelpflanzen benutzt, dienen aber auch als stilvolle Partyhäuser und Wintergärten.

Natürlich gibt es solche Konstruktionen auch aus Holz, wie sie die Aufbauserie zeigt (vgl. Abb. 57–71). Dieser freistehende achteckige Pavillon wurde nach eigenen Entwürfen aus heimischem Lärchenholz gefertigt; er wird vom nahen Wohnhaus über Bodenheizung und eine zusätzliche Rohrheizung erwärmt. Wichtig ist dabei immer das Zubehör wie Arbeitstische, Hängeborde zum Kultivieren von Aussaaten und Jungpflanzen. Es muß zu den Maßen passen, denn späteres Suchen bei anderen Herstellern ist meist vergeblich.

54 So stilvolle, luftige Pavillons können nur aus England kommen. Die Hersteller greifen gerne auf viktorianische Vorbilder zurück.

55 Schon in wenigen Jahren wird sich über diesem Pavillon ein Kletterrosendach entfalten. Einstweilen zieren ihn schnellwüchsige Winden.

56 Über die Kräuterschnecke mit duftendem Oregano hinweg fällt der Blick auf die weiße Konstruktion des Pavillons.

57   Das Fundament des achteckigen Pavillons ist schnell erstellt. Es besteht aus senkrecht gestellten Betonplatten. Der lotrechte Stand wird mit der Wasserwaage genau ausgewogen. Anschließend wird mit Flüssigzement vergossen.

58   Die vorgefertigten Holzrahmen aus Lärchenholz erinnern in der Bauweise an Wintergärten. Das Aufstellen zu dritt geht rasch. Erste Stabilität kommt durch das Verschrauben der Elemente zustande.

58

59   Der achteckige Pavillon
steht. Sein Durchmesser
beträgt vier Meter. Durch
die Verbindung der Balken
zu einem flachen Dom erhält
die Konstruktion viel Stabilität. Besonders belastbar
müssen die Türen sein. Deshalb sind sie etwas länger
und kräftiger gebaut.

60   Dichtungsprofile
werden angetackert. Auf
ihnen ruhen später die
speziell und paßgenau an-
gefertigten Isolierglas-
elemente. Solche Profile
aus besonders geform-
tem Gummi haben sich
schon in vielen Winter-
gärten bewährt.

61   Auch die Isolierglas-
elemente für die Seiten
wurden paßgenau vor-
gefertigt. Das Einsetzen
mit den aufgesetzten
Saugnäpfen ist fast ein
Kinderspiel und geht
rasch vonstatten. Die Holzelemente aus Lärchen-
holz wurden vor dem Auf-
stellen weiß grundiert.
Erst viel später erfolgt der
endgültige Deckanstrich
mit Landhausfarbe.

62　Wichtig ist die Entlüftungseinrichtung im Dom. Statt eines Ventilators hebt sich hier die paßgenau angefertigte Holzplatte und gibt den Abzug frei. Gut zu erkennen sind die Gummi-Dichtungen, auf denen bald die gläsernen Dachelemente ruhen werden.

63　Lüftung und Abdeckung sind gut zu erkennen. Die Anlage ist über einen Seilzug mit der Seitenklappe verbunden. Wenn sie sich bei warmem Wetter mittels öldruckgesteuerter Automatik öffnet, wird auch die Lüftungseinrichtung in die Höhe gedrückt und gibt den Abzug der warmen Luft frei.

63

62

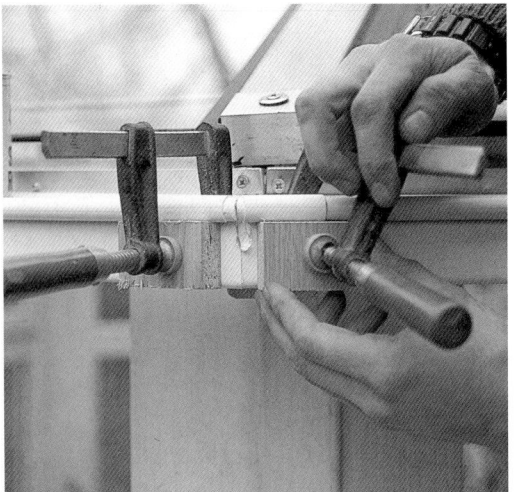

64 Viele Gartenhäuser und Pavillons werden aus optischen Gründen ohne Regenrinne gebaut. Auf Dauer besser ist es jedoch, für die Ableitung des Wassers zu sorgen. Kunststoff hat sich dabei als Material bewährt. Seine weiße Farbe paßt zum Anstrich. Die acht Eckverbindungen machen allerdings Arbeit.

66 Mit überstreichbarer Acryl-Dichtmasse oder Silikon (verträgt sich nicht mit Deckfarben) werden alle Fugen abgedichtet. Der Untergrund muß trocken und fettfrei sein. Bei Temperaturen über fünfeinhalb Grad Celsius geht die Arbeit mit etwas Übung zügig vonstatten.

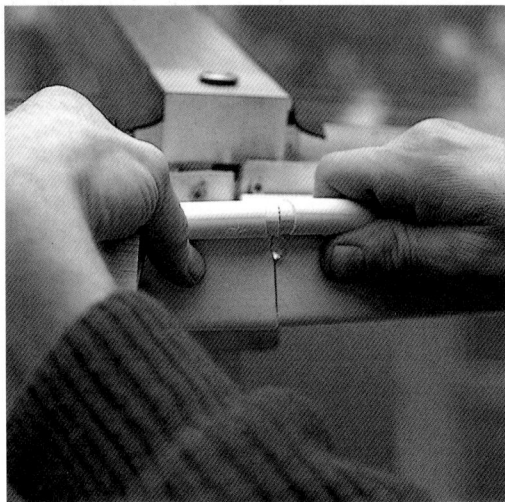

65 Zunächst schneidet man die Rinnenstücke passend zu und verklebt sie mittels Plastikkleber an den Halterungen. Nun werden die Verbindungsstücke eingegepaßt und mit den Rinnen verklebt. Dabei ist Druck notwendig.

68

67 Besonders wichtig ist das Abdichten der Fugen zwischen den Holzelementen und dem Fundament. Mit angefeuchteten Fingern kann man die Fasen glätten und eventuell verbliebene Hohlräume auffüllen.

68 Styroporplatten dämmen den Boden und die Seiten ab, um Wärmeverluste zu vermeiden. Statt eines optisch störenden und hinderlichen Heizkörpers wurde auf eine Rohrheizung aus verlöteten Kupferrohren zurückgegriffen. Unauffällig läuft sie dicht über dem Boden rundum und verhindert mit aufsteigender Wärme das Einfrieren.

69 Zusätzlich ist im Boden eine separat steuerbare Bodenheizung verlegt. In kalten Wintern sorgt sie für wohlige Wärme von unten, was Kübelpflanzen sehr gut bekommt. Der Pavillon steht über einem Regenwassertank. Durch leichtes Gefälle zum Ablauf hin wird überflüssiges Gießwasser entsorgt.

70 Mit roten, beständigen Klinkern ist der Fußboden ausgelegt. Für schräge Trennschnitte braucht man eine Flex. Wichtig ist das gleichmäßige Abziehen des Magerbetons.

71 Durch die Einbindung in den umgebenden Garten wirken Pavillons gefälliger. Weiße Gänseblümchen auf der Blumenwiese greifen die Farbe des Bauwerkes auf.

70

72 Heizbare Pavillons sind zum Überwintern von Kübelpflanzen ideal. Trotz energiesparender Werte von nur fünf bis zehn Grad Celsius sitzt man gemütlich inmitten von duftenden Blumen. Für das kurzfristige Erwärmen auf mollige Temperaturen reichen preisgünstige Heizlüfter mit 1000 bis 2000 Kilowatt Leistung aus.

73 Hängetische nehmen blühende Töpfe, Aussaaten und Jungpflanzen auf. Mitten im Winter wächst schon die Blütenpracht für den nächsten Sommer heran. Will man für wärmebedürftige Anzuchten nicht das ganze Haus heizen, sind untergelegte Heizmatten eine günstige Lösung.

Die meisten Pavillons sind jedoch eher zum Genießen unbeschwerter Stunden mit Freunden und Familie gedacht. Die kunstvollen Holzkonstruktionen bieten Platz am runden Tisch für lustige Kindergeburtstage, Kaffeekränzchen oder lauschige Abende. Es gibt sie meist mit verschiedenen Durchmessern, einfach oder doppelt verglasten Fenstern und stilvollen Dächern. Wählen Sie ein solches Bauwerk nicht zu klein und achten sie auf genügend Lüftungsmöglichkeiten, vor allem auf eine einwandfrei dimensionierte Firstlüftung und Seitenfenster, die sich weit öffnen lassen. In einem Pavillon, der frei in der Sonne steht, kann es nämlich – wie im Wintergarten – sehr heiß werden.

Tip: Die wenigsten Pavillons aus der Serie muß man so nehmen, wie sie sind. Die meisten Hersteller können auf Sonderwünsche eingehen, Anpassungen vornehmen oder einen Computerausdruck liefern, der das Bauwerk in seiner künftigen Umgebung zeigt.

74　Stilvolles Rückzugs-
refugium für eine lauschige
Runde ist dieser Pavillon
am Teich. Somit besteht
die Möglichkeit, die Fische
bei ihrem Treiben zu be-
obachten.

![Säulenpavillon mit Brunnen]

75 Mehr dekorativen
als nützlichen Charakter
hat dieser Säulenpavillon.
In repräsentativen Gärten
ist ihm ungeteilte Auf-
merksamkeit gewiß.

76 Hier findet eine ganze
Musikkapelle Platz. Sowohl
der Pavillon als auch die
umgebende Gartenanlage
sind viktorianisch. Gesehen
im stilreinen Stadtpark von
Halifax, Kanada.

77   Ein junges Paar hat sich diesen romantischen Pavillon mit Vogelbauer und Kletterpflanzen auf einer hochgelegenen Terrasse eingerichtet. Die Wohnung mitten in der Innenstadt einer süddeutschen Stadt gewinnt somit erheblich an Lebensqualität.

78   Ganz das Gegenteil ist dieses repräsentative Ambiente am Rande einer Reitanlage. Mit Bänken und Tisch in der Mitte ist der Pavillon groß genug für fröhliche Feiern in geselliger Runde.

78

77

Zeichnung 5

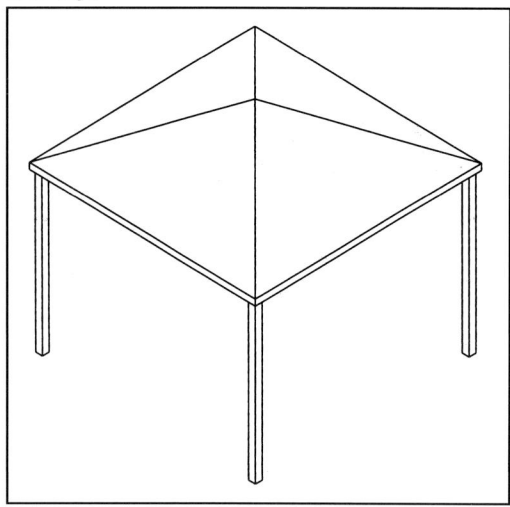

Zeichnung 6

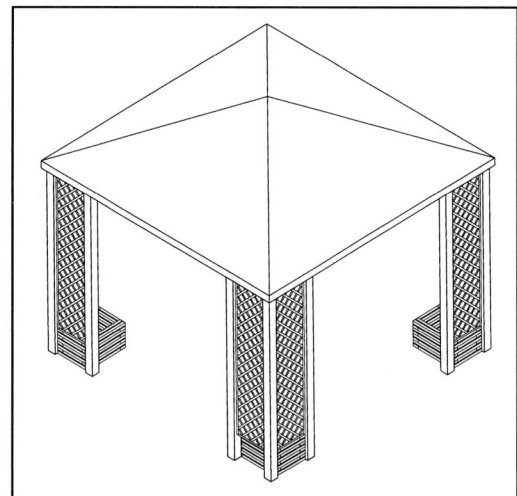

Zeichnung 7

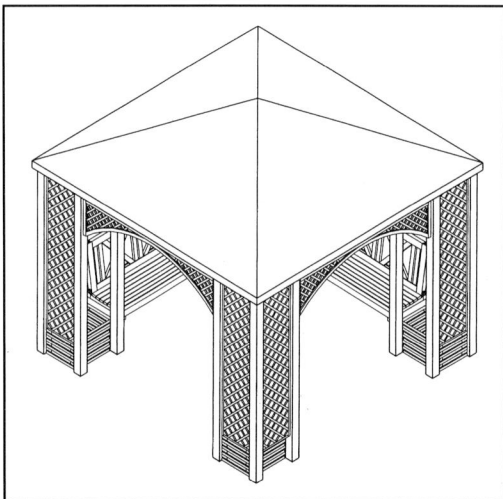

Zeichnung 8

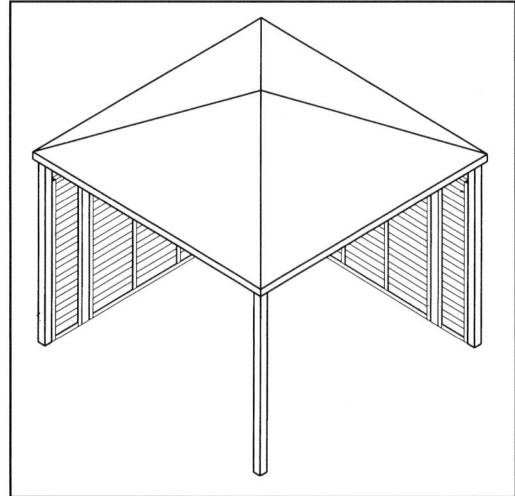

Zeichnung 5
Das Einsteigermodell
besteht aus vier Pergola-
pfosten 9 × 9 cm und
270 cm Höhe.
Vorgefertigte Diagonal-
streben und Konstruk-
tionshölzer stabilisieren
das Dach, das mit einer
abknüpfbaren Haube
Schutz vor Regen bietet.
Mit schönen Gartenmöbeln
versehen, erfüllt es bereits
den gewünschten Effekt.

Zeichnung 6
Bei der Ausbauversion
kommen weitere Pergola-
pfosten hinzu, die zu-
sammen mit Ziergittern
und Pflanzkästen dem
Ganzen ein gefälligeres
Aussehen verleihen und
die Begrünung mit Kletterpflanzen erleichtern.

Zeichnung 7
Die komplette Anlage mit
Bogengittern, die dem
Pavillon ein romantisches
Aussehen verleihen.
Zwei Bänke lassen sich
einklinken und machen
zusammen mit üppigem
Pflanzenwuchs den Auf-
enthalt unter dem luftigen
Dach zum Vergnügen.

Zeichnung 8
Wer lieber mehr Wind-
und Sichtschutz bevorzugt,
kann mit zum System
passenden Sichtblenden
mehr Intimität erreichen.

79 Wie preisgünstig darf Ihr Pavillon sein? Dieses Modell zum Selberbauen wächst mit den Ansprüchen und paßt sich ganz dem eigenen Geldbeutel an. Man kann es auch später noch nach Baukastenmanier erweitern, verändern oder zur stilvollen, romantischen Gartenlaube mit Sitzbänken und Pflanzkästen ausbauen.

80   Kaum zu glauben, aber
der elegante Gewächs-
hauspavillon stammt aus
einer Serienbauweise.
Die tragenden Teile bestehen aus einbrennlackier-
tem Aluminium, die Ein-
deckung aus geschwunge-
nem Kunststoffglas.

Gartenhäuser

Die Laube im Kleingarten ist in der Regel eher ein Gartenhaus, mit festen Wänden ringsum, einem soliden Dach und einem oder mehreren Räumen im Innern. Im abgeteilten Vorbau kann man gemütlich sitzen, um die Brüstung ranken sich Clematis oder Feuerbohnen und Tisch und Bänke laden ein zur Erholung.

Die Kleingartenlaube war Vorbild für viele Gartenhäuser. Hier kann man gemütlich die Freizeit genießen, gleichgültig, ob es draußen regnet oder schneit, oder die Sonne vom Himmel brennt. Das ist heute wieder so, wie es bei unseren Vorfahren war. Jahrhundertelang war der Garten ein bevorzugter Platz zur Selbst-

81   Das romantische Gartenhaus am Waldrand ist im Frühling von einem Meer duftender Narzissen umgeben. Im Sommer folgen schattenliebende Stauden als Bodendecker.

versorgung mit allerhand Gemüse und Obst. Anschließend hat man sich erholt. Das Häuschen unter dem blühenden und fruchtenden Apfelbaum im hintersten Winkel des Gartens spielte eine wichtige Rolle – es war der Ersatz für die Urlaubsreisen heutiger Tage. Die Ferien fanden im Garten statt, als luftige Abwechslung zu den oft muffigen und verräucherten Häusern vergangener Tage. Mancher Gast hat hier bei Kaffee und Kuchen das Geschehen diskutiert und ist wohl auch zum Schlafen geblieben. Sicherlich flohen auch die Besitzer in heißen Sommernächten hinaus ins Gartenhaus, das in schattiger Kühle weit angenehmere Bedingungen bot. Vom Dichterfürsten Johann Wolfgang von Goethe wird berichtet, daß er im Gartenhaus mit Frau von Stein angenehme Stunden verbrachte. Sein stattliches Gartenhaus in Weimar ist heute noch zu besichtigen. Gartenhäuser waren bis zum Ersten Weltkrieg bei Städtern und auf dem Lande weit verbreitet, danach wußte man mit ihnen offenbar wenig anzufangen.

Geselligkeit und Abwechslung sind als Gründe geblieben, sich für ein Gartenhaus zu interessieren. Und nachdem der erste Drang in die Ferne gestillt ist, haben wir alle auch die Vorzüge des eigenen Zuhauses entdeckt. Platz ist knapp, viele Häuser sind nicht mehr unterkellert. Ein Gartenhaus bietet daher in der kalten Jahreszeit eine willkommene Gelegenheit zum Unterstellen der Gartenmöbel.

Vielfach gibt es auch eine abgeteilte Kammer für Gartengeräte. Nicht zuletzt eignen sich Gartenhäuser – bei entsprechender Ausstattung – auch zum Unterbringen von Gästen.

82   Eine Eigenkonstruktion unter schattigen Bäumen. Hier kann man gut sitzen, denn die luftige Laube läßt sich weit öffnen.

83   Die nostalgische
Laube stammt aus dem
späten 19. Jahrhundert
und erfüllt immer noch
ihren Dienst. Solche
Muster sind heute wie-
der gefragt.

84 Wilder Wein hangelt sich dekorativ am Dach entlang. Bevor im Herbst die Blätter fallen, zeigen sie noch eine herrliche rote Färbung.

Die größeren Gartenhäuser stehen als Freizeithäuser auf Wochenendgrundstücken, sind komfortabel eingerichtet, wärmegedämmt und verfügen über mehrere Schlafplätze. Manche sind komplett eingerichtet als Fitnesscenter, dienen als Badehaus am Pool oder Schwimmteich zum Umziehen und Duschen.

Hier passen auch Sauna und Whirlpool hinein und machen damit die Badefreuden perfekt. Whirlpools mit Luft- und Wassermassagedüsen gibt es schon ab 1500,– DM. Dank gesunkener Preise und größerem Angebot ist selbst solcher Luxus erschwinglich geworden, der für manchen Bürger mit Rückenschmerzen und Kreislaufbeschwerden sogar eine gesundheitliche Notwendigkeit ist.

Handwerkliches Geschick und Phantasie lassen in Eigenleistung Bauwerke entstehen, die man auch nach Jahrzehnten gerne ansieht. Die meisten Gartenhäuser werden aber aus vorgefertigten Elementen im Bausatzsystem errichtet. Das Aufbauen nach Anleitung ist so einfach, daß das Häuschen nach einem Wochenende steht (vgl. Abb. 85–99). Die Angebotspalette reicht vom Gerätehaus bis zum kompletten Freizeithaus und zur 24-Quadratmeter-»Laube« mit Gründach für den Kleingarten.

85 Jedes Gartenhaus braucht ein stabiles Fundament. In die Betonplatte in der Größe des Grundrisses kann man gleich Strom- und Wasserleitungen verlegen. Sparen Sie die entsprechenden Anschlüsse aus und fertigen Sie davon ein Foto an.

86 Der Unterbau muß exakt in Waage liegen. Als Schutz gegen aufsteigende Feuchtigkeit dient eine Unterlage aus Bitumenpappe. Anschließend werden die Schwellenhölzer verschraubt und im Beton verankert.

87 So sieht der fertige Unterbau des Freizeithauses aus. Er enthält bereits ein Wärmedämmpaket.

88 Der Aufbau der Wände beginnt. Die Fenster sind bei der Anlieferung schon montiert. Die Module werden auf die Unterkonstruktion gestellt und miteinander verschraubt. Noch kann man das endgültige Aussehen beeinflussen, denn alle Module sind gleich groß.

89 Die Außenwände werden mit der Unterkonstruktion verschraubt.

90 Nun sind alle Außenwandmodule aufgestellt und die Dachmontage kann beginnen.

91 Als oberer Abschluß wird ein umlaufender Ringbalken montiert. Er dient der Stabilität und Aussteifung und ist gleichzeitig die Auflage für die Dachkonstruktion.

92 Im Erkerbereich müssen die Sparren so abgelängt werden, daß sie nicht in den Raum hineinragen.

93 Jetzt ist schon der Dachstuhl mit seinen Stützen und der Firstpfette aufgestellt. Nur das kleine Erkerdach fehlt noch.

94 Der Freiraum zwischen den Sparren wird nun mit Hölzern gefüllt und verschraubt. Die gekürzten Sparren sind deutlich erkennbar.

95 Die Giebelelemente sind montagefertig. Sie werden nur noch an ihren Platz gebracht und verschraubt. Am Erker wird der Dachüberstand auf die gewünschte Länge abgesägt.

96 Dann ist die Dachschalung fertig zum Eindecken mit einer paßgenauen Alu-Auflage. Wer will, kann eine Dachbegrünung anbringen. Sie dämmt und ist ein ökologisch wertvolles zusätzliches Stück Garten.

97 Die Fenster sind mon-
tagefertig. Sie müssen nur
noch in die Öffnungen der
Wandelemente eingebaut
werden.

98 Danach folgen die
Fensterbänke und Zier-
bretter. Auch sie werden
verschraubt.

99 So sieht das fertige
Haus aus. Gut erkennbar
ist das Aludach, das mit
Latten fest an der Unter-
konstruktion verschraubt
wurde. Jetzt muß nur noch
gestrichen werden.

Spielhäuser

Vergessen wir nicht die Kinderhäuser! Der Nachwuchs erhält hier sein eigenes Reich, in dem die Erwachsenen nichts zu suchen haben. Spielhäuser werden auf einem Kletterbaum montiert, stehen im Garten auf Stelzen oder in einer ruhigen Ecke im Garten. Brauchen die Kinder noch eine ständige Aufsicht, so bietet sich als Ort auch eine mit Geländer umgebene Terrasse an. Gleichgültig, ob sie mitten im Stadtgebiet liegt oder weit draußen – den Kleinen drohen hier keine Gefahren. Sie sind im Grünen und an der frischen Luft und trotzdem unter Aufsicht. Ein kleines Häuschen aus Holz zum Verkriechen, das der Papa gebaut hat, ist für die Kinder optimal. Es läßt sich aus Holzresten oder Konstruktionsholz mit einfachen Mitteln zimmern, phantasievoll ausstatten und bemalen. Preisgünstige Spielhäuser gibt es als Zelte aus Stoff. Viele Hersteller führen sie aber auch vorgefertigt aus stabilem Holz im Programm. Das Zusammenfügen und Streichen mit kindersicheren, umweltverträglichen Farben ist dann nicht mehr schwierig.

100 Ein Spielhaus für die Kinder. Die hübsche Konstruktion steht auf einem gesicherten Dachgarten. Für die Kleinen (und Großen) ist dies ideal, denn es gibt keine Gefahren durch den Verkehr.

101 Das Spielhaus ist
selbst gebaut. Mit seinen
dezenten Farben und um-
geben von üppig blühenden
Kübelpflanzen paßt es gut
in die Umgebung.

Gerätehäuser

Wohin mit den Geräten? Für Besitzer eines Gerätehauses ist das kein Problem. Laubbesen, Spaten, Schaufel, Harke, Hacke, Grubber und Krail gehören zur Grundausstattung, die jeder Garten braucht. Reihenzieher, Schuffel, Pendelhacke, Rasenkantenstecher und Grabegabel sollten auch nicht fehlen. Pflanzschnüre, Pflanzkellen, Kistchen zur Pflanzenanzucht, Tomatenhauben, Tomatenspiralen und Bambusstöcke, Vliese und Folien – das alles sammelt sich an und will ordentlich und so übersichtlich untergebracht sein, daß man es schnell findet und problemlos wieder wegstellen kann.

Nicht vergessen darf man das Werkzeug und die Motorgeräte – vom Rasenmäher bis zur Heckenschere, von der Wasserpumpe für den Gartenteich bis zum Heizlüfter für das Gewächshaus oder gelegentliches Heizen im Gartenhaus. Alles braucht Platz. Für den Klein- und Freizeitgarten gibt es abschließbare Boxen aus Holz oder Metall, in die man die Geräte legt. Darunter ist Platz für den Rasenmäher, den man hineinfahren

102 Unauffällig fügt sich das geräumige Gerätehaus in die umgebende Bepflanzung ein. Es bietet Platz für alle Gartengeräte und die Gartenmöbel.

103 In jedem Haushalt ist der Platz knapp. Gut, wenn es dann ein Gerätehaus gibt. Oft läßt es sich in den Carport integrieren.

102

kann. Eine Familie mit größerem Garten kommt damit nicht zurecht – ein Geräte-haus muß her. Es braucht keine Heizung und keine Isolierung, dafür sollte es genügend hoch sein, damit man bequem hineintreten kann.

Oft gehören Gerätehäuser als Zusatz-ausstattung zum Carport und lassen sich einfach in die schon vorhandene tragen-de Konstruktion integrieren. Hier finden auch noch das Motorrad, die Karre, Pfo-sten, Draht und was man sonst noch braucht Platz.

Zum Wegstauen bieten die senkrechten Flächen viele Möglichkeiten. Hänge-schränke, Borde und Systeme zum An-hängen der Werkzeuge gibt es im Fach-handel.

Tip: Wer viele unterschiedliche Geräte unterbringen muß, bringt eine dicke Holz-leiste an und schlägt dort stabile rostfreie Nägel von sechs bis zehn Zentimeter Länge ein. Ihr Abstand kann ganz individuell so gewählt werden, wie es für jedes Gerät sinnvoll ist.

Günstig ist auch ein stabiles Regalfach zum Wegstauen von Dingen, die man nicht täglich braucht. Es wird aus passend zuge-schnittenen Brettern genagelt, die an drei Seiten auf sicher angedübelten Leisten ruhen. Da dieser Stauboden über Kopfhöhe angebracht wird, sollten die Gerätehäuser mindestens 220 Zentimeter hoch sein.

Pergolen, Rankgitter und Zäune

104 Rankgitter und Per-
golen bereichern den Gar-
ten ungemein. Sie bieten
Platz für dekorative Kletterpflanzen, schaffen Platz
für mehrere Gartenzimmer
und verleihen dem Ganzen
Struktur.

Gestalten mit Pergolen

105 Diese Pergola trennt den Sitzplatz vom Wintergarten. Wie ein blühender Vorhang senken sich die Triebe der Trompetenblume *(Campsis radicans)* herab.

Pergolen gehören zu den ältesten Elementen der Gartengestaltung. Man fand sie schon auf ägyptischen Wandmalereien dargestellt und in den Ruinen von Pompeji. Der Name stammt aus Italien und bezeichnet einen Laubengang mit vielen Kletterpflanzen, die ihm eine verspielte, heitere Note geben. Zur Pergola gehören unbedingt viel Grün und bunte Blumen, gleichgültig, ob sie nun einjährige Schlinger sind wie himmelblaue Kaiserwinden, bunte Duftwicken oder mehrjährige Gehölze wie Blauregen (*Wisteria sinensis*), Goldregen mit langen gelben Trauben (*Laburnum x watereri*) oder orangerote Trompetenblumen (*Campsis radicans*).

Nicht zu vergessen sind die Reben, die ein starkes Gerüst benötigen, um all das viele Blattwerk zu tragen und die Last der vielen blauen oder weißen Trauben. Im Herbst verabschieden sich die Blätter mit einem Aufwallen von leuchtendem Rot und Gelb, das nur noch übertroffen wird vom Vetter, dem Wilden Wein, den es in zwei Varianten gibt: *Parthenocissus quinquefolia*, der Fünfblättrige, überschlägt sich fast mit feurigem Rot, während *Parthenocissus tricuspidata* große, dunkelgrün glänzende Blätter trägt, die sich mit zartem Rosa und Gelb verabschieden.

Die Pergola ist wie kein anderes Hilfsmittel geeignet, im Garten und auf der Terrasse wichtige Akzente zu setzen. Mit Pfeilern und querliegenden Balken, mit Zierelementen, Reiter genannt, und hölzernen oder metallenen Kletterhilfen strukturiert sie die Vertikale und bildet mit den Rankpflanzen einen hübschen Rahmen für romantische Sitzplätze. Eine

Terrasse ist für sie optimal geeignet. Eine seitliche Abgrenzung in Kombination mit Rankwänden oder einem massiven Dichtzaun, einem oder zwei Pfeilern nach vorne und Querbalken darüber, schon ist der Anfang gemacht für eine behagliche Laube. Mit imprägniertem Stoff überdacht, spendet sie sofort Schatten, nach dem Anwachsen helfen Kletterpflanzen dabei. Ist die Konstruktion stabil genug, kann man sie später mit einem transparenten Dach regendicht machen. Bleibt man im System eines führenden Herstellers, dann passen in einem weiteren Schritt sogar Seitenteile als Abschluß. Das Endergebnis ist dann ein behaglicher Wintergarten.

Pergolen sind luftige Schattenspender, gleichzeitig setzen sie wie Theaterkulissen schöne Pflanzen in Szene: üppig blühende Kletterrosen, immergrünen Efeu mit seinen zierlichen Blättern, Waldreben und winterblühenden Jasmin. Mit Pergolen entstehen gemütliche Nischen und intime Bereiche. Wer sich nicht ganz einengen will, wählt ein Sichtschutzelement mit eingelassenem Fenster. Ohne selbst auf dem Präsentierteller zu sitzen, kann Mann oder Frau so den Garten überblicken oder feststellen, was sich am Hauseingang tut.

106 Genügend Höhe, eine gute Gliederung mit Rundbögen und Rankgittern verleihen dieser Pergola-Laube das noble Aussehen. Die weiße Farbe steigert den Effekt.

Pergolen sind ideal zum Unterteilen von größeren Gärten. Schon zwei Elemente, zwischen Büsche gesetzt, bilden eine optische Grenze, ohne daß der naturhafte Charakter verloren geht. Man kann sie einfach so stehen lassen, mit Rasen oder Staudenbeeten integrieren oder zusammen mit Kletterpflanzen ein grünes Dach zaubern.

Einen Blickfang bilden Arkadenpergolen. Die kleinen Bauwerke markieren einen Eingang, können als Zaunabschluß dienen und mit Pforten ausgestattet sein.

107 Halbe Rankgitter-Elemente kann man auch querliegend anbringen. So wirken sie weniger dominierend und werden schon bald unter einem Blütenmeer von Wicken und einjährigen Sommerblumen verschwinden.

Eine Pergola eignet sich gut, um den Einblick in den hinteren Teil des Gartens zu verwehren. Ist sie mit Kletterrosen überwuchert, wird sie gewiß von den Vorübergehenden bestaunt, bildet aber gleichzeitig vom Garten her einen herrlich blühenden Abschluß. Pergolen benutzt man, um Gärten zu unterteilen. In kleinere Räume gegliedert, entstehen überschaubare Gartenecken mit besonderen Themen, zum Beispiel Farbengärten in vornehmem Weiß und Silber, sonnigem Gelb und Orange, verträumtem Blau oder sinnlichem Rot.

Dichtzäune und Rankgitter in Verbindung mit einer Pergola bewahren den Privatbereich vor Wind, Lärm und unerwünschten Blicken. Umgekehrt kann die Pergola ein Blickfang vor dem Hintergrund des vielleicht gar nicht so schönen nachbarlichen Gartens sein – sie lenkt die Aufmerksamkeit nach innen und auf das, was der eigene Garten zu bieten hat. Kleine Gärten können so erheblich größer wirken.

Pergolen bilden einen formalen Rahmen um Wasserbecken, sie verbinden optisch verschiedene Gartenteile wie das Haus mit Garage und Nebengebäuden, dem Nutzgarten oder den Gartenteich mit einem lockeren Gang, der in der Mittagshitze das Wandeln unter dem Blätterdach zur Freude macht.

Dabei müssen Pergolen nicht immer streng gegliedert und rechteckig sein. Auch gerundete oder geschwungene Formen haben ihren besonderen Reiz.

Pergolen erfüllen die zugedachte Aufgabe besser, wenn sie nicht einfach im Raum stehen, sondern an einen architektonischen Höhepunkt im Garten angebunden sind: an eine Mauer, ein Gebäude, den Grillplatz, die Terrasse oder den Gartenteich.

108 Eine Doppelpergola als einladender Rosenbogen am Gartenzaun. Der Besucher fühlt sich freundlich willkommen geheißen.

109 Die üppige Stauden-
blüte verdeckt ganz, daß
sich dahinter ein Bauern-
garten mit Gemüse ver-
birgt. Ein Pavillon aus
wetterfest beschichtetem
Stahlrohr wird bald mit
Kletterrosen berankt sein.

110 Wer sagt, daß Rank-
gitter langweilig aussehen?
Geschwungene Wege und
Holzelemente, Wasser
und passende Bepflanzung
lassen einen interessanten
Garten entstehen.

110

Mit einer bunten Markise als Dach wandelt sich die Pergola zum luftigen Gartenhaus, das Schutz bietet vor Sonne oder Regen. Die Übergänge sind fließend – alles mögliche kann man in die Pergola integrieren: durchsichtige Rankwände, Sitzbänke, Pflanzbeete in schweren, haltgebenden Kästen. In der Mitte steht eine Gruppe schöner Gartenmöbel oder eine Bank, die den Aufenthalt erholsam macht.

Holz ist dabei das bevorzugte Material. Es harmoniert hervorragend mit Pflanzen. In rustikalen Gärten kann man als Ständer Stelen aus Naturstein benutzen und sie mit Querbalken aus naturbelassenen Stämmen kombinieren – eine originelle Lösung, die an Weinlauben im Süden erinnert. Auch gemauerte Pfeiler haben Tradition. Zum Selberbauen allerdings sind kesseldruckimprägnierte Hölzer optimal. Vorgefertigte Elemente zum Kombinieren gibt es von mehreren Herstellern. Das Angebot geht auf jeden Geschmack ein und läßt kaum einen Wunsch offen. Und wie die Anlage einmal aussehen wird, das zeigt der Computer (siehe Seite 96/97).

Eine solche Zeichnung verdeutlicht mehr als tausend Worte, wie sich das neue Element in den Garten integriert. Bei Nichtgefallen kann man noch ändern und Variationen ausprobieren, bis die Anlage den eigenen Vorstellungen entspricht.

111 Quadratische Elemente der Rankgitter bringen Ruhe in die Gestaltung. Durch Pergola und Rosenbögen wirkt dieser Garten besonders abwechslungsreich.

Zeichnung 9

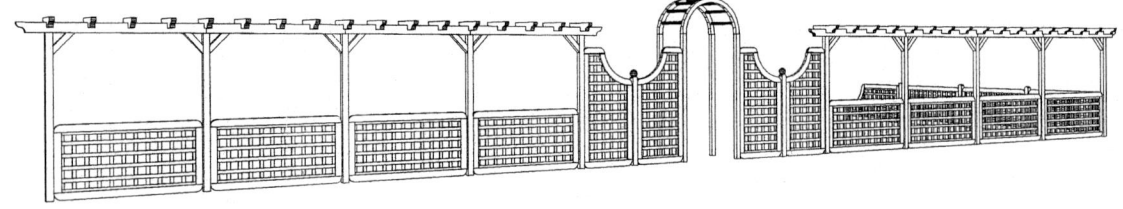

Zeichnung 10

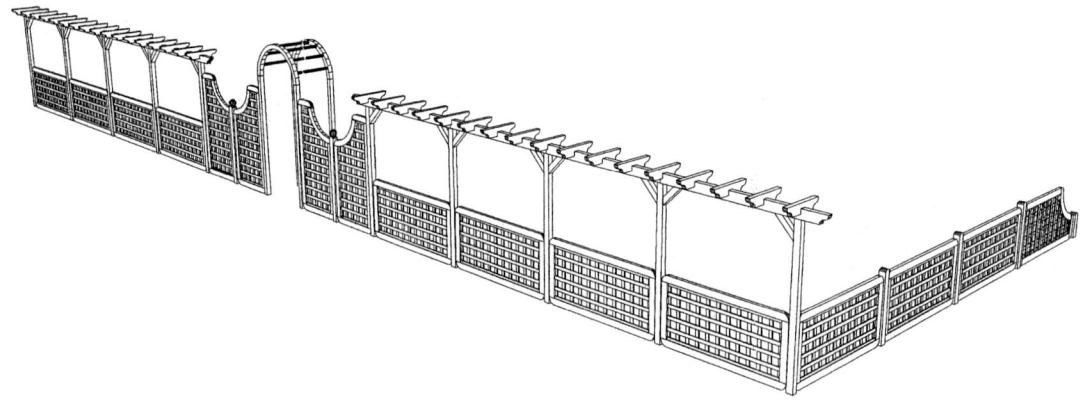

Zeichnung 11

Zeichnung 9
Der Computer kann helfen, wenn es um eine räumliche Vorstellung geht und darum, die Auswahl der Zaunelemente zu erleichtern.

Zeichnung 10
CAD-Programme gibt es in vielen Firmen. Besser als jede Zeichnung vermitteln sie eine maßgenaue und räumliche Vorstellung der Baumaßnahmen aus verschiedenen Blickwinkeln.

Zeichnung 11
»Gehen Sie also in Ihrem Garten schon spazieren«, bevor er steht. Das bewahrt vor manchen Irrtümern und gestattet eine genaue Bestellung.

Zeichnung 12
Wie wird die geplante
Sitzecke aussehen?
Mit halbrunden Elemen-
ten verfügt das Zaun-
system über eine ge-
wisse Eleganz. Verschie-
dene Muster lockern die
Gestaltung auf.

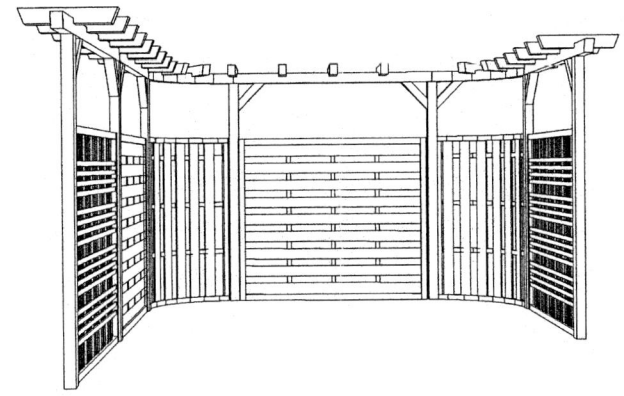

Zeichnung 13
Ein Blick von schräg
oben, wie aus dem
Schlafzimmerfenster.
Jetzt läßt sich noch
alles korrigieren.

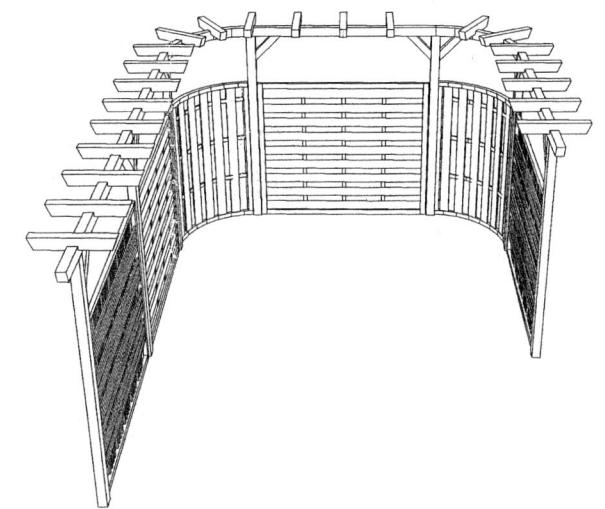

Zeichnung 14
Jede beliebige Perspek-
tive ist mit Hilfe des
Computers darzustellen.
Machen Sie Gebrauch
davon, es lohnt sich.

Montage

Zu zweit ist die Montage kein Problem. An Werkzeug braucht man lediglich Lochspaten, Schnüre, Bandmaß oder Zollstock und vor allem die Wasserwaage.

Im Prinzip besteht eine Pergola aus Pfeilern, Säulen oder metallenen oder gemauerten Stützen. Die Längsverbindung schaffen die Sattelbalken, worauf die zierenden oder festigenden Reiterbalken in Querrichtung verschraubt oder vernagelt werden. Bei manchen Herstellern besitzt der Sattelbalken eine übergreifende, ausgefräste Nut, die nicht nur die Verbindung vor Nässe schützt, sondern in der man die Pfeiler in beliebigen Abständen verschieben kann. Als Reiter kommen gefällig zugeschnittene Kant-

hölzer, Bretter, Leisten oder Rundhölzer in Frage. Es liegt nun an Ihnen, ob Sie aus solchen Elementen einen Zaun, Sitzplatz, Laubengang oder einen Hausanbau gestalten.

Kesseldruckimprägnierte Hölzer kann man mit Erdkontakt einsetzen. Das Loch wird mit Kies gefüllt und in den letzten 20 Zentimetern bis zur Erdoberfläche mit Beton ringsum verdichtet (vgl. S. 20/21). Nach dem Ausrichten des Pfostens mit Schnur und Wasserwaage zieht man den Beton vom Pfosten her abfallend mit der Kelle glatt. So kann das Wasser gut ablaufen. Allerdings sollten die Pfosten mindestens 9 × 9 Zentimeter messen, um den Belastungen durch Wind und Pflanzen standzuhalten. Auf nicht zu steinigen Lehmböden haben

112 Vom Computer zur Wirklichkeit. Der Aufbau beginnt mit dem Einmessen und Einwinkeln. Ein Nivelliergerät ist hilfreich, doch läßt sich auch schon mit einer Wasserwaage viel erreichen. Erkennbar ist vorn die Stange zum Feststampfen der Erde.

113 Ein wichtiges Werkzeug ist der Lochspaten. Hiermit ist das präzise Ausheben von Löchern in 80 Zentimeter Tiefe kein Problem.

114 Die Pfosten der Pergola stehen schon, präzise eingefluchtet. Nun werden die Sattelbalken eingepaßt. Die überkragende Form hat System, denn sie schützt das Holz vor eindringendem Wasser.

115 Ein Helfer bringt die Zaunelemente an, der andere paßt sie in die vorher eingesetzten L-Beschläge ein.

Gestalten mit Pergolen **99**

116 Mit Akkuschrauber
und verzinkten Kreuz-
schrauben sind die Ele-
mente im Nu dauerhaft
befestigt.

117 Die Zaunanlage ist
fertig, der Garten vor
Blicken geschützt, ohne
daß er eingemauert wirkt.

117

sich auch Bodenhülsen bewährt. Das Einschlagen ist einfach: Man nimmt ein 30 bis 40 Zentimeter langes Abfallstück des Pfostens, steckt es in die Hülse und treibt diese mit kräftigen Schlägen (Vorschlaghammer) bis zur gewünschten Tiefe in den Boden. Anschließend schraubt man die Pfosten mit Maschinenschrauben fest. Noch besser sind stabile Punkt- oder Streifenfundamente mit darin eingelassenen Betonankern, an denen die Pfosten mit ca. fünf Zentimeter Abstand zum Boden verschraubt werden (vgl. S. 24/25).

Gefällige Proportionen erreicht eine Pergola nach folgender Faustregel: Höhe 230 bis 250 Zentimeter, so können die Kletterpflanzen ein wenig herabhängen, ohne daß gleich das Gefühl der Enge entsteht; Breite zwischen den Stützpfeilern: 200 bis 250 Zentimeter; Abstand zwischen den Reitern: 40 bis 80 Zentimeter.

Wenn Sie eine vorgefertigte Pergola mit Rankgittern oder Lamellenzäunen montieren wollen, kommt es zunächst auf das richtige Ausmessen an. Lamellenzäune aneinanderzureihen, ist nicht schwierig. Man fängt mit den beiden äußeren Pfosten an, fixiert eine Schnur entweder unten, mindestens zehn Zentimeter über dem Boden, damit die Rankelemente keinen Bodenkontakt bekommen, oder entlang ihrer oberen Kante. Nun braucht der Helfer die Elemente nur anzupassen.

Vorher haben Sie mit einem Akkubohrer für die verbindenden L-Beschläge in gleichmäßiger Höhe Löcher gebohrt, in die nun die Schrauben gedreht werden. Etwas Fett ins Loch gespritzt, und schon geht diese Arbeit beträchtlich leichter. Mit der Wasserwaage richtet man alles aus und zieht die letzten Schrauben fest.

118 So sehen die verzinkten oder vermessingten L-förmigen Beschläge aus, die als Halterungen für die Zaunelemente dienen.

Anders wird es bei Kombinationen von verschiedenen Maßen und Bögen, bei denen zum Schluß eine ganze, abwechslungsreiche Wand entsteht. Hier ist zunächst Kopfarbeit gefragt. Möglicherweise kommt der Hersteller mit seinem Computer zu Hilfe und druckt einen fertigen Montageplan aus.

Zu guter Letzt werden die Sattelbalken mit den schon am Boden vormontierten Reitern aufgesetzt. Wichtig ist immer, daß die stark ausgefrästen Aussparungen von oben auf die Balken zu liegen kommen. So kann das Wasser schnell abfließen, und die Reiter liegen so stabil, daß es bei Winddruck kein Verdrehen gibt. Die schrägen Streben zwischen den Balken setzt man zuletzt ein – sie sorgen zusätzlich für Festigkeit.

Pergolenvielfalt

Über die Jahrtausende sind Pergolen in jeder denkbaren Art gebaut worden. Vieles von der alten Kunst kann nur noch auf Fotos bestaunt werden. Unsere heutige schnelllebige Zeit hat sich auf vorgefertigte Elemente spezialisiert und eine entsprechende Terminologie entwickelt.

Einzelpergolen bestehen aus Pfosten und einer verbindenden Sattelbalkenlage. Dieses relativ schmucklose Gebilde ist das Grundmodell für alle anderen Pergolen. Es gewinnt viel mehr an Reiz, wenn darauf verzierte Querstücke, die Reiter, sitzen. Sie dienen nicht nur der

Optik, sondern erleichtern es den Kletterpflanzen, von ihrem neuen Domizil Besitz zu ergreifen. Durch Eckverbindungen rings um eine Terrasse geleitet, entsteht sofort ein Raumgefühl.

119 Eine Pergola ganz ungewöhnlicher Art. Aus Rundhölzern gebaut, bringt sie Bewegung in einen ansonsten rechteckigen Garten. Kletterrosen werden schon bald das Aussehen dominieren.

120 Vor dem ruhigen
Hintergrund dieser Pergola
kommen Wicken und
Sommerastern perfekt zur
Geltung.

121

121 Pfeifenwinde und
Blauregen haben diese
stabile Pergola erklom-
men, die trotz ihrer doppel-
hüftigen Ausführung
nicht überladen wirkt.

122 Der Himmel hängt voller Rosen. Kletternde Duftrosen in zartem Rosa (Sorte: 'New Dawn') machen das Wandeln im Schatten der Blüten zum romantischen Genuß.

123 Die Pergola von Abb. 121 aus einem anderen Blickwinkel. Kanthölzer überdecken einen geschützten Sitzplatz.

124 Leicht und filigran, aber dennoch robust und tragfähig ist diese Pergola aus modernen Stahldrahtelementen. Die weiße Farbe paßt gut zu den dunkelroten Kletterrosen.

125 Was mag sich hinter der Pforte verbergen? Die Pergola am Tor »wartet« auf Clematis und Kletterrosen.

126 Eine ganz natürliche Lösung, die gerade deswegen ihre Reize hat. Naturbelassene Stämme wurden zu einer rustikalen Pergola zusammengefügt.

Doppelpergolen bestehen aus zwei Reihen Ständern und daraufgelegten Querbalken, die dem Ganzen viel mehr Halt verleihen. Eine solche Anlage ist ideal, um mit einigen wenigen Balken einen Gang luftig zu überdachen. Eine geruhsame Sitzecke im hintersten Winkel des Gartens gewinnt damit sehr an Charme. Mit einem Holzdeck, Bögen oder im gleichen Stil gehaltenen Lampen wird ein repräsentatives grünes Zimmer daraus, das zum abendlichen Empfang der Gäste einlädt.

Sternpergolen heißen Eckkonstruktionen, deren Dachreiter fächerförmig auseinanderlaufen. Sie werden durch gebogene Sattelbalken getragen. Hierdurch ergibt sich ein pavillonähnlicher Effekt. Wenn Sie Ihre Pergola etwas edler wünschen, kommt eine Sternpergola in die engere Wahl. Sie können daraus eine lauschige Ecke gestalten oder sie als repräsentativen Winkel am Eingang nutzen, vielleicht mit einer Sitzbank, Stühlen und anspruchsvollem Gartendekor.

Portale zieren den Eingangsbereich und setzen im Garten markante Akzente. Ob mit Rosenbögen oder Pflanzkästen garniert, ein so charmantes, kleines Bauwerk ist mehr als ein Rosenbogen, obwohl Kletterrosen oder kräftige einjährige Ranker daran voll zur Geltung kommen.

127 Rankelemente der
Industrie, wie man sie
im Holzhandel findet.
Der Fächer paßt gut zu
filigranen Gewächsen.

128 Die hölzerne Rank-
säule schützt zarte Ge-
wächse wie Clematis
und Jelängerjelieber. Auch
stachelige Kletterrosen
sind hier gut untergebracht.

129 An schmalen Rank-
gittern klimmen Waldreben
(Clematis) oder duftender
Jelängerjelieber.

Rankgitter teilen den Garten

Man könnte Rankgitter (Spaliere) als die kleineren Schwestern der Pergolen bezeichnen. Während sich die Pergola hoch hinaus erhebt, werden Ranksysteme selten höher als zwei Meter gefertigt. Sie sind von einem stabilen Rahmen umgeben, deshalb bereitet die Anbringung in Pergola- oder Zaunsystemen mit dem L-Beschlag keine Schwierigkeiten. Vor dunkle Mauern gehängt, kommen die mehr oder weniger dichten Gitter besonders zur Geltung. Reines Weiß, kräftiges Gelb oder skandinavisches Blau sind bevorzugte Farben. Die sogenannten »Trellis« wurden schon in Barockgärten benutzt, um mehr Größe vorzutäuschen als vorhanden war. Bogenmuster täuschen Laubengänge vor – eine wieder aktuelle Spielerei.

Auf Dachgärten und größeren Balkonen, in Hinterhöfen und Patios, aber auch in Gartenlokalen auf der Straße kann man mit Rankgittern ein grünes Paradies herzaubern. Die vorher so öde Minilandschaft verwandelt sich innerhalb von wenigen Wochen in einen fruchtbaren Garten, auch wenn der Untergrund aus nacktem Beton oder Fliesen besteht. Pflanzen wachsen in größeren Gefäßen aus Holz, die mit passenden Kunststoffeinsätzen oder Foliensäcken ausgelegt und mit fertig gedüngter Blumenerde gefüllt sind. Wichtig sind Löcher im Boden, damit überschüssiges Wasser ablaufen kann. Diese Gefäße sind zwar leicht zu transportieren, sollen aber solide und schwer genug sein, damit man an ihnen Rankgitter anschrauben kann. Noch mehr Stabilität entsteht, wenn man Gefäße und Gitter über Eck stellt

130 Auf diesem Dachgarten verwehren bewachsene Rankgitter den Einblick.

und miteinander verbindet. Eine feine Sache ist die Bank, die im Nu aus zwischen zwei Gefäße geklinkten Bohlen entsteht. Somit wird der mobile Garten zum windgeschützten, gemütlichen Domizil, in dem man sich mit Freunden und Bekannten trifft oder ganz allein die Sonne genießt. Tomaten reifen heran, Kräuter stehen bereit für die Ernte, sogar Himbeeren und Heidelbeeren gedeihen in den Gefäßen – kurz, wo vorher Öde herrschte, kann sich jetzt eine Idylle entfalten.

131 Filigrane Rankgitter des Systems Viness auf einem windigen Dachgarten. Die Elemente sind an hölzernen Pflanzkästen verankert.

Die meisten Rankgitter aus Holz kann man nach Bedarf mit dem Fuchsschwanz oder einer Handkreissäge ablängen – so werden Höhe und Breite exakt eingepaßt.

Welche Muster soll man wählen? Vor dieser Frage steht jeder, der sich mit Rankgittern befaßt. Von den zahlreichen Entwürfen mit geraden oder geschwungenen Kanten sind viele modisch und ansprechend. Es kann jedoch sein, daß man sich an Ausgefallenem nach kurzer Zeit satt sieht. Daher haben die klassischen Standards nach wie vor große Bedeutung:

■ Das Rautenmuster wirkt elegant, vor allem, wenn das Gitter mit farbiger Deckfarbe gestrichen ist. Es kommt dem Klettervermögen der meisten Pflanzen perfekt entgegen.

132 Mit elegantem
Schwung teilen wenige
Rankgitter die Sitz-
ecke vom übrigen Gar-
ten ab.

■ Das Quadrat (Karomuster) vermittelt Ruhe und Solidität. Man wird es nach Jahren so angenehm empfinden wie am ersten Tag.

Meist werden die Muster in verschiedenen Dichten angeboten. So können Sie für Ihren Zweck die richtige Auswahl treffen: locker und filigran für leichte Trennwände im Garten oder für Kletterpflanzen, die neugierigen Blicken das Hinausschauen gestatten, oder möglichst dicht. Mit Rankgittern können Sie Dichtzäune oder Mauern unterbrechen und ihnen die Schwere nehmen. Durch vorgepflanzte Sträucher und Stauden gewinnt der Garten eine heitere Note.

133 Clematis winden sich am Rankgitter hoch. Es ist in einen hölzernen Rosenbogen eingeklinkt.

Besonders charmant sind ovale Fenster. Kletterrosen und Clematis passen gut zum Hauseingang oder an Rosenbögen. Ohne den nötigen Halt brechen die zarten Triebe ab. Geben Sie ihnen die nötige Unterstützung, vor allem gleich nach der Pflanzung. Hierfür eignen sich schmale, halbrunde oder rechteckige Rankgitter. Sie leiten die Triebe in die Höhe, so daß jede Blüte für sich zur Geltung kommt.

Besonders grazil und nostalgisch schön sind die Varianten der Rankgitter aus Metall. Sie brauchen kaum Platz, fallen nicht übermäßig auf und sind dauerhaft. In kürzester Zeit sind die schwarzen oder dunkelgrünen Rohre ins Erdreich geschlagen und damit 40 bis 50 Zentimeter tief verankert. Betonieren entfällt zumeist, denn feuerverzinkte Rohre rosten kaum. Mit wenigen Steckverbindungen wird die Rankwand aufgebaut, und ein Raumgefühl entsteht. Je nach Geschmack kann man sie mit der Zeit dicht zuwachsen lassen zu »Dornröschens Schloß« oder soviel an Durchsicht erhalten, daß Geborgenheit nicht in Beengung umschlägt.

Grandiose Bögen und verrückt skurrile Formen kennzeichnen viele Produkte aus England. In Cottage-Gärten sind die Designs aus viktorianischer Zeit (oder noch früher) zu Hause. Wenn Sie ebenso romantische Gärten voller Blumenduft schätzen, sollten Sie die nötigen Gitternetze zum Einklinken gleich mitbestellen. Für die meisten Schlinger und Kletterer sind die Abstände nämlich zu groß.

Sichtschutz durch Zaunelemente

Abgrenzen und schützen, das ist die Aufgabe von Zaunelementen. Sichtschutz und Windschutz, beide erst vermitteln ein Gefühl der Behaglichkeit. Massive Dichtzäune sperren wie eine Mauer jeden Blick aus, sind billig und schnell zu erstellen und können trotzdem höchst elegante Gestaltungsmittel sein. Das verwendete Material spielt dabei eine Rolle ebenso wie das Design und die Qualität der Verarbeitung.

134 Eine Palisadenwand wirkt nach einigen Jahren sehr harmonisch. Dem Efeu bietet sie optimale Klettermöglichkeiten. Rhododendren und Zwergkiefern kommen vor dem dunklen Hintergrund zur Geltung.

135 Ein Flechtzaun kann nur in beschränktem Maße den Einblick verwehren. Dafür eignet er sich gut zum Beranken durch Efeu oder filigrane Bergwaldreben (*Clematis montana* 'Rubens').

zuklammern. Mit der Zeit umhüllen sie das Holz und setzen damit verspielte Triebe und Blüten dem anfangs massiven Eindruck entgegen. Mit einem sauberen, ordentlichen Dichtzaun können Sie an der Terrasse schon mit zwei oder drei Elementen ein ungestörtes Refugium zum Kaffeetrinken und Bräunen schaffen. Ob die Fugen senkrecht oder waagerecht laufen sollen, ist Geschmackssache. Schräge Kanten, Fenster oder integrierte Rankwände sind eine charmante Art, Abwechslung in den Zaun zu bringen.

Sichtblenden und Profilwände lassen weder Blicke noch Wind hindurch. Sie garantieren Ruhe und Frieden zum Ausspannen und hundertprozentige Sicherheit vor unliebsamen Beobachtern. Auch hier läßt sich der Anblick durch geschwungene Formen, Zierelemente und unterschiedliche Höhen abwechslungsreich gestalten. Unterbrechungen mit filigranen Rankwänden an geeigneten Stellen lockern ebenso auf wie integrierte Lampen oder ein gediegenes Design. Wertvolles Kiefern- oder Rotzedernholz kann hier in voller Schönheit zur Geltung kommen, weniger die Kletterpflanzen. Dafür können Sie mit Gruppen von Kübelpflanzen, schönen Stauden oder Sträuchern wohnliches Ambiente zaubern.

Lamellenzäune (Flechtzäune), aus Fichte maschinell geflochten, sind ein vielfach verwendetes Produkt und deshalb besonders preisgünstig. Freilich ist die Lebensdauer begrenzt, dafür sorgt schon das Weichholz. Man sollte sie unbedingt mit imprägnierender Lasur streichen, um die Haltbarkeit zu erhöhen. Lamellenzäune bieten keinen völligen Sichtschutz.

Dichtzäune sind wirklich blickdicht, weil sie von beiden Seiten überlappend verschraubt oder vertackert werden. Durch die Ritzen kann jedoch der Wind streichen. Das hat auch seine Vorteile, denn Efeu und Jelängerjelieber, Wilder Wein oder Kletterrosen finden so genügend Gelegenheiten, um sich daran fest-

136 Auch dieser Dicht-
zaun bietet den Pflanzen
reichlich Klettermöglich-
keiten. Allerdings wehrt
er die Blicke ab.

137 Weder Blicke noch
Wind können diese Profil-
wand durchdringen. Trotz-
dem braucht sie nicht
massiv zu wirken. Fenster
und Rankgitter lassen
Raum für die Gestaltung
mit Pflanzen.

136

137

138

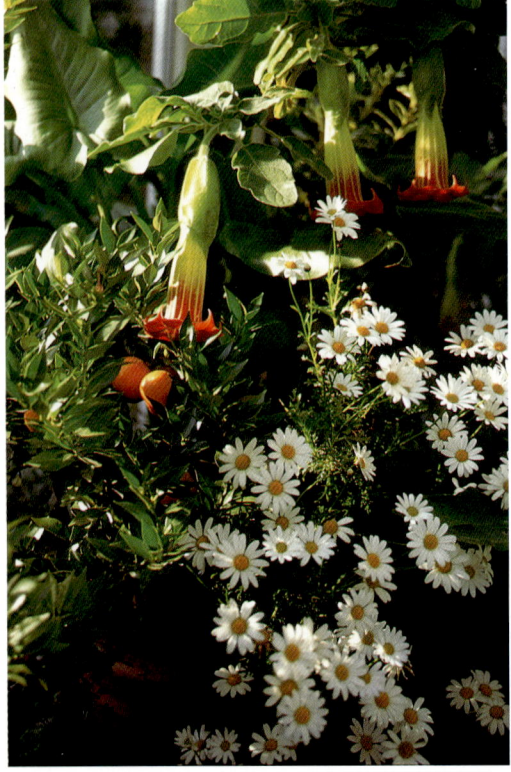

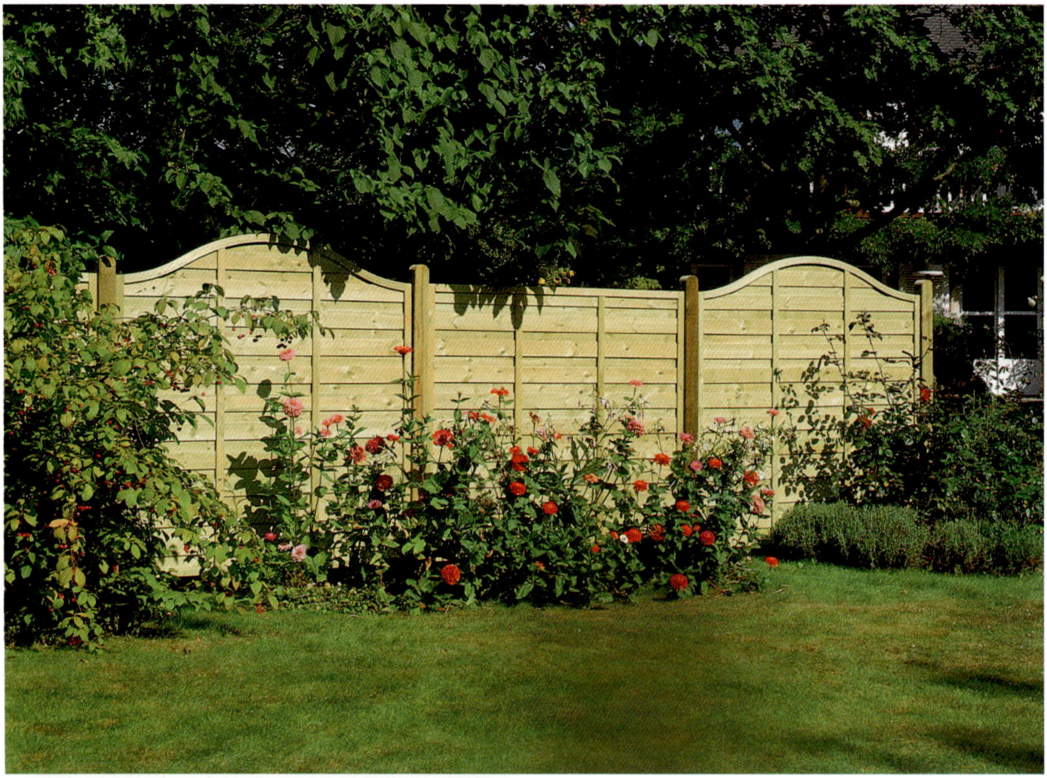

139

138 Vor dem hellen Hintergrund heben sich Sträucher, Rosen und Stauden hervorragend ab. Jede einzelne Blüte darf bewundert werden.

139 Mit Kübelpflanzen in leuchtenden Farben verwandelt sich jede Terrasse im Handumdrehen in einen Mittelmeergarten.

Zäune, Tore und Rosenbögen – auch aus Metall

In diesem Buch haben wir bislang viel von Holz, aber wenig von Metall gesprochen. Dabei waren Zäune und Tore aus kunstvoll geschmiedetem Eisen jahrhundertelang die edelste und eleganteste Form der Abgrenzungen. Mauern und selbstgemachte Flecht- und Staketenzäune aus Weiden oder Stecken waren dagegen eher reine Zweckgebilde.

Kunstschmiede zählten zu den angesehenen Handwerkern und was sie an Portalen und Toren in Schlössern und Bürgerhäusern hinterließen, hatte Bestand und berührt immer noch das Schönheitsempfinden des Betrachters. Den Garten mit einem eisernen Zaun zu umfrieden, hat Tradition, die in vielen Regionen immer noch häufig gepflegt wird.

140 Der Jägerzaun wurde nicht genau auf die Grenze gesetzt. Durch die Einbeziehung des Straßenraums wirkt er integrierend, nicht abstoßend, denn zur Straße hin blühen viele Blumen.

141 An einem sonnigen Morgen im Herbst. Spinnen nutzen das Gartentor mit ihren Netzen zur Fliegenjagd.

Schmiedeeiserne Zäune sind zwar nicht billig in der Anschaffung, dafür aber eine dauerhafte Zierde. Sie fügen sich filigran ein in das Blattwerk von Sträuchern, Bäumen und Stauden. Sie haben es in der Hand, ob Ihr Zaun dezent zwischen den Pflanzen verschwinden soll (dann braucht er einen ruhigen Hintergrund), oder ob seine Strukturen deutlich zu sehen sein sollen (dann muß er frei gegen das Licht stehen oder einen möglichst hellen Hintergrund mit weißen oder gelben Blüten erhalten). Auch die Farbgebung ist wichtig: Schwarz wirkt dezent, dunkles Grün edel, vor allem mit goldenen oder silbernen Spitzen, Weiß elegant.

Bislang sind schöne Metallzäune kaum im Baumarkt zu finden – Zäune sind immer noch Handwerksarbeit, gediegen und entsprechend honoriert. Das kann sich leicht ändern. Die hier gezeigten Zäune und Tore (vgl. Abb. 141–145) entstammen einem holländischen System und können selbst aufgebaut und zusammengefügt werden.

Dauerhaft haltbar ist nur feuerverzinkte Ware, die anschließend sandgestrahlt und mit Deckfarbe gestrichen wurde.

143 Vor edlem Metall kommen die Blüten optimal zur Geltung.

142 Ein schönes Gartentor aus feuerverzinktem Eisen, das zusätzlich pulverbeschichtete Farbe trägt. Ein langjähriger Schutz gegen Durchrosten.

144 Das offene Gartentor lädt ein zum Betreten. Mehr Zierde als Schutz, macht es neugierig auf das, was hinter der Hainbuchenhecke wartet.

Zum Montieren werden die Elemente auf eine Mauer oder auf ein Streifenfundament aufgedübelt. Hierfür werden zunächst Löcher gebohrt, Dübel eingesetzt und die Zäune waagerecht ausgerichtet mit Maschinenschrauben verbunden. Das gleiche gilt für Rosenbögen. Tore sind gewichtig und benötigen frostfrei gegründete Punktfundamente, damit sie genügend Halt bekommen. Zum Einsetzen braucht man zwei Personen, die zunächst alles genau einmessen, die Träger samt ihren Laschen in der richtigen Höhe einpassen (das Tor muß frei schwingen), den Beton in einem frostfrei (70 Zentimeter tief) ausgehobenen Loch durch Stampfen verdichten und mit der Kelle abfallend verstreichen, so daß das Regenwasser ablaufen kann. Erst nach dem Aushärten (nach drei bis vier Tagen) werden die beiden Torflügel eingesetzt und mittels Schrauben justiert.

Rosenbögen sind der Inbegriff der Romantik. Wenn sie der Rose auch perfekt als Stütze für ihren klimmenden Drang in die Höhe dienen, sind sie doch genauso gut für alle anderen Arten von Kletterpflanzen geeignet. Solche pflanzenumrankten Bögen kann man gar nicht genug haben. Mit dem ersten wird der Besucher auf liebenswürdige Art am Eingang empfangen, die anderen laden zur Besichtigung der anderen Gartenteile ein. Durch einen Rosenbogen schreiten wir von der Terrasse auf schmalem Weg zum Küchengarten, wandeln auf weichen Rasenwegen zum Teich oder treten durch eine blühende Pforte in den duftenden Blumengarten.

145 Ein Rosenbogen
überspannt das große
Tor. So schwere Elemente
bedürfen einer soliden
Verankerung.

Aus mehreren Bögen hintereinander entsteht ein idyllischer Laubengang. Wenn Sie wollen, können Sie ihn jeweils mit einer anderen Sorte bepflanzen, eine Pflanze rechts und eine links. Wenn man im gleichen Farbton bleibt, ergibt sich ein herrlicher Ton-in-Ton-Effekt. Kletterrosen drängen nach oben, und bis Sie unter einer duftenden Blütenwolke wandeln können, dauert es je nach Sorte zwei bis vier Jahre. Bis dahin empfehlen sich einjährige Kletterpflanzen wie die himmelblaue Kaiserwinde (*Ipomoea tricolor*), die bunte Purpurwinde (*Pharbitis purpurea*) oder die blaue Glockenwinde (*Cobaea scandens*). Im Frühjahr tummeln sich Goldlack (*Cheiranthus cheirii*), Tulpen, Narzissen oder Traubenhyazinthen am Fuß, den Sommer über bedecken Ringelblumen (*Calendula officinalis*),

Schleierkraut (*Gypsophila repens*) oder leuchtende Petunien den Boden. Bogengänge kann man auch aus zusammengeschweißten Baustahlmatten, aus gebogenen dünnen Eisenrohren oder aus einer Lattenkonstruktion selbst herstellen. Sie eignen sich besonders gut für Kletterrosen, Waldreben (*Clematis*), üppigen Blauregen (*Wisteria sinensis*), aber auch für Weinreben und Spalierobst wie Pfirsiche, Birnen, Äpfel und Aprikosen.

146 Gemauerte Stützen tragen solide Kanthölzer. Durch niedrige Höhe und schräge Anordnungen erscheint dieser blühende Laubengang mit Bougainvilleen einladend und gemütlich.

147 Ein hölzerner Laubengang wie aus dem Garten Eden: Orangen, Pampelmusen, Mandarinen und Zitronen baumeln vom Himmel. Gesehen im berühmten Park der Villa Carlotta am Comer See.

146

Anhang

Glossar

Akkubohrer
Netzunabhängiges Gerät zum Bohren und Schrauben oder mit Mehrfachfunktion. Im Außenbereich sehr nützlich. Aufladbare Akkus als Stromquelle.

Bodenhülse
Kegelförmig zulaufende, spitze Hülse (meist aus verzinktem Eisen) mit einer topfförmigen Halterung in passender Größe zum Aufnehmen der Pfosten. Das Holz erhält dabei keinen Erdkontakt. Wird mit Schnittabfällen von Pfosten oder Spezialwerkzeug bis zur passenden Tiefe in den Boden getrieben. Für Zäune und leichtere Pergolen.

Buchs *(Buxus sempervirens)*
Immergrünes, winterhartes Gehölz, das sich sehr gut beschneiden und formen läßt. Langsames Wachstum. Für Hecken wird die Form *Buxus sempervirens* 'Suffruticosa' bevorzugt.

Deckfarben
Anstriche mit reichlich deckenden, lichtbeständigen Farbpigmenten, die über längere Perioden (6–8 Jahre) Schutz gegen Wasser und Witterungseinflüsse gewährleisten. Meist zwei Anstriche nötig. Auf Produkte achten, die unbedenklich sind für Mensch, Tier und Pflanze. Auf Naturölbasis als offenporiger Anstrich oder wasserlöslich.

Dekorwachs
Offenporiger Anstrich für den Innenbereich auf Basis von Wachs. Läßt Struktur und Maserung des Holzes erkennen. Umweltfreundlich. Kann gestrichen, getaucht oder gespritzt werden. Durch Polieren entsteht matter oder seidiger Glanz.

Farbgärten
Gartengestaltung in einer dominierenden Farbe oder Ton-in-Ton: bevorzugt sind Weiß (mit Silber), Rosa (mit Violett) und sonniges Gelb (mit Orange). Geht auf den Einfluß der englischen Gärtnerin Gertrude Jekyll zurück.

Feuerbohnen *(Phaseolus vulgaris)*
Auch Prunk- oder Wollbohnen genannt. Bringen nach hübschen weißen oder roten Blüten wohlschmeckende Hülsen und große schmackhafte Samen.

Gründach
Isolierende Dachbedeckung nach dem Vorbild norwegischer Grasdächer. Besteht in der Regel aus einer Abdeckfolie, einer Wurzelschutzfolie, wasserabführenden Drainageelementen, einer Trennfolie, mehreren Zentimetern luftigem, nährstoffarmem Substrat und einer Bepflanzung. Speichert in gewissem Maße Regenwasser und gilt auch daher als ökologisch wertvoll.

H-Anker
Konstruktion aus verzinktem Eisen in H-Form zum Befestigen schwerer Zaunelemente oder Pergolen. Wird in den noch weichen Beton gedrückt, ausgerichtet. Nimmt nach dem Aushärten die Pfosten auf. Vermeidet Erdkontakt des Holzes.

Hängeborde
Vorrichtungen zum Kultivieren von Pflanzen in Breiten von 20–40 cm. Werden eingehängt, eingeklinkt oder verschraubt. Aus Holz, Aluminium, Glas oder Drahtgitter.

Hainbuche *(Carpinus betulus)*
Beliebtes Heckengehölz. Sommergrün, verliert im Winter das Laub sehr spät. Läßt sich sehr gut beschneiden und formen.

Hirnholz
Der wertvollste Teil eines Stammes, aus dem Zentralzylinder entstanden. Durch Einlagerungen von Lignin besonders hart, fest und dauerhaft.

Holz-Imprägnierung
Vorbeugender Schutz vor Einwirkungen von Wasser (Fäulnis), holzverfärbendem Bläuepilz und holzzerstörendem Insektenbefall (Hausbock, Holzwurm). Meist farblos zum Vorstreichen oder einer Lasur beigemischt. Nur frostfreies und trockenes Holz behandeln. Auch Salze wirken imprägnierend (siehe Kesseldruckimprägnierung).

Kesseldruckimprägnierung
In großen Kesseln werden die angefertigten Hölzer unter Druck oder im Vakuum mit imprägnierenden Salzen und/oder Lasuren behandelt. Dabei dringen die Mittel von allen Seiten mehrere Millimeter tief in das Holz ein und schützen es dauerhaft (bis zu 30 Jahren nach Angaben der Hersteller). Weitere Lasuren sind nicht erforderlich. Aus Umweltschutzgründen werden nur chromfreie Mittel verwendet. Behandelt werden vor allem Weichhölzer wie Fichte oder Kiefer, selten Harthölzer wie Eiche oder Rotzeder. Die Imprägnierung richtet sich gegen Fäulnis, Pilze und holzzerstörende Insekten. Werden solche Hölzer gesägt oder geschnitten, braucht die nun ungeschützte Fläche mit Lasuren oder Deckfarben eine neue Imprägnierung.

Konstruktiver Holzschutz

Vorbeugende Maßnahmen, um Holz vor Schäden zu bewahren. Wasser wird abgeleitet, damit es nicht haften bleibt: zum Beispiel übergreifende Abdeckkappen an Pfosten oder speziell konstruierte Abdeckleisten auf Zäunen, Rahmen mit Ablaufrinnen, Befestigung von Pfosten ohne Erdkontakt auf Pfostenankern usw.

Lamellenzaun

Sichtschutzzaun aus auf einen Rahmen geflochtenen hölzernen Bändern. Meist aus Kiefern- oder Fichtenholz.

Lasur

Wasserverdünnbarer oder mehr oder weniger lösungsmittelhaltiger (Benzinbasis) Schutz für Hölzer gegen Witterungseinflüsse und Vergrauen. Kann Pilz- oder Insektenbekämpfungsmittel (Biozide) enthalten. Läßt sich je nach Produkt streichen, spritzen oder tauchen. Als Dünnschichtlasur farblos oder transparent mit durchscheinender Maserung des Holzes. Als Dickschichtlasur deckend. Achten Sie auf Produkte mit dem Umweltzeichen »Blauer Engel«! Ein bis drei Anstriche nötig. Anstrich muß je nach Produkt in Intervallen von zwei bis fünf Jahren erneuert werden.

Laubengang

Im vorigen Jahrhundert besonders beliebtes Gestaltungselement im Garten. Entsteht aus mehreren Bögen, die hintereinander gestellt werden oder aus Konstruktionen aus Holz oder Metall.

L-Beschlag

L-förmiges Halteelement mit dornartiger Schraube zum Eindrehen in den Pfosten. Winkel mit vorgefertigten Löchern nehmen die Schrauben zur Befestigung von Zaunelementen und Rankgittern auf. Gewöhnlich in verzinkter, Messing- oder lackierter Ausführung.

Nut und Feder

Rinnenförmige Vertiefung, meist durch Ausfräsen hergestellt. Der dazugehörige, in die Vertiefung passende und von der vollen Dicke abgenommene Teil wird Feder genannt.

Offenporiger Anstrich

Anstriche auf Naturölbasis, dringen tief in die Holzporen ein. Decken, ohne einen dichten Film zu hinterlassen. Das Holz kann dabei atmen. Blättert oder schuppt nicht ab, reißt nicht, kein Blasenwurf. Wasserabweisend und wischfest.

Pergola

Laubengang, der sich zum Beranken durch Kletterpflanzen eignet. Verbreitet ist der Bau aus Holz, doch auch Metall, Bambus oder Mauerwerk sind

148 Ideal für heiße Sommertage ist dieser luftige Pavillon, der die Sonne abschirmt, den Wind aber durchstreifen läßt.

als Träger geeignet. Besteht aus Pfosten, Sattel- oder Trägerbalken und aufgesetzten Reitern. Kann durch Rankwände zum Dichtzaun, durch Dachelemente zur Laube erweitert werden. Die Übergänge zu diesen Formen sind fließend. Einfachpergolen mit einer Lage Trägerbalken sind weniger stabil als Doppelpergolen aus zwei Reihen, die durch Metallbolzen oder Winkeleisen oder ausgesparte Nut verbunden werden und so dem Wind und Pflanzendruck weit besser begegnen können.

Pfette

Balken oder Kantholz als tragendes Element beim Bau von Pergolen und Lauben. Andere Bezeichnung: Sattelbalken. Kann aufgenagelt, durch Zapfenverbindung, ausgesparte Nut, Schrauben oder durch Winkeleisen befestigt werden.

Pfosten

Viereckig oder rund, aus Hölzern oder Metall, als Halterung für Zaun- oder Pergolenelemente. Gute Holzpfosten bestehen nicht aus Hirnholz, sondern sind wegen der größeren Festigkeit aus dem Kreuzholz, dem radialen Sektor des Stammes, gefertigt. Dieses ist weniger durch Risse gefährdet.

Pfostenanker

H-förmige oder U-förmige Konstruktionen aus verzinktem Eisen mit vorgebohrten Halterungen zum Anschrauben der Holzpfosten. Werden in den noch handfeuchten Beton eingedrückt, exakt aus-

149 Darf's zum Schluß etwas Ausgefallenes sein?! Dieser Pavillon wird von einer ganz beachtlichen grünen und blühenden Pracht »bekrönt«.

gerichtet und bis zum Aushärten in dieser Stellung gesichert. Erlauben das Anbringen der Pfosten ohne direkten Erdkontakt. Besonders wichtig für nicht imprägniertes Holz wie Rotzeder, Lärche oder Eiche.

Pfostenkappen
Aus Holz oder Metall. Schützen das Holz der Pfosten vor eindringendem Wasser. Gleichzeitig Ziereffekt durch Rundungen, Kugeln oder Kegel. Gute Modelle sind überkragend konstruiert und leiten das Wasser um die Pfostenenden herum.

Punktfundament
Frostfrei gegründetes (70–90 cm tiefes) Fundament zum Aufnehmen von H- oder U-förmigen Halterungen für Stützpfosten.

Rankgitter
Vorrichtung aus Holz, Kunststoff oder Metall zum Beranken durch Kletter- oder Schlingpflanzen. Meist mit stabilem Rahmen, aber auch scherenförmig und damit flexibel in Länge und Breite. Für Wände, Zäune und Pergolen. Beliebt sind Rauten- oder Karomuster.

Rankgitterbefestigung
Dient zur Befestigung von Rankgittern an Mauern, Dichtzäunen oder Hauswänden. Besteht meist aus einer rostfreien langen Kreuzschlitz- oder Schlüsselschraube, Abstandhalter und Dübel.

Rosenbögen
Meist bogenförmige Tragekonstruktion für Kletterrosen und andere Kletterpflanzen.

Sattelbalken/Sattelbretter
Längsverbindung in Pergolen, auf denen die Reiter befestigt werden. Sollten überkragend auf den Pfosten verschraubt werden, damit sich kein Wasser staut.

Schraubanker
Metallplatte zum Befestigen von Zaunpfosten auf Fundamenten oder Wegebelägen. Werden im Untergrund festgedübelt. Mit Spezialschrauben, die erst im Pfosten fest verschraubt und dann in den Schraubanker gedreht werden, entsteht eine leicht abnehmbare Verbindung. Gut geeignet für Befestigung auf Pflaster und Betonplatten.

Sicherheitsglas
Besonders konstruiertes Glas, das sich bei Schäden in kleine, ungefährliche Stücke teilt und Verletzungen vermeidet. Auch als wärmegedämmtes Doppelglas erhältlich.

Sternpergola
Pergola in der Form eines Kreissegmentes mit sternförmig auseinanderlaufenden Sattelbalken.

Streifenfundament
Streifenförmiges Fundament zum Tragen einer Mauer oder mehrerer Stützpfosten. Muß frostfrei gegründet sein. Meist aus Beton hergestellt.

U-Anker
U-förmiger Bodenanker aus verzinktem Eisen zum Befestigen von Zaunpfosten oder Pergolaelementen. Wird in die Fundamente einbetoniert oder angedübelt. Auch mit Lasche zum Andübeln auf Streifenfundamenten.

Weinreben (Vitis vinifera)
Sommergrüne Gehölze mit klimmendem Wuchs. Werden an Drähten oder Spalieren gezogen. Mindestens ein Schnitt in den Wintermonaten ist erforderlich, je nach Sorte und Standort ein zweiter Auslichtungsschnitt im Sommer, gleich nach der Blüte. In Weinbaugebieten müssen die Pflanzen auf reblausresistenter Unterlage veredelt werden.

Bezugsquellen

Diese Liste dient zur Leser-information und erhebt keinen Anspruch auf Vollständigkeit. Eine Gewähr für die Richtigkeit kann trotz vorheriger genauer Prüfung nicht übernommen werden (H = Hersteller, weist Bezugsquellen nach; V = Versand über Katalog).

Gartenhäuser, Pavillons, Wintergärten

Ing. Beckmann KG
Simoniusstr. 10
D-88239 Wangen/Allgäu (V)

Bromage Woodworks Ltd.
GB-Buckfastleigh,
Devon TQ 11 ONF

Classica House
Peter Bisgaard
Todbjerg
DK-8530 Hjortshöj (H)

Glas Hetterich GmbH
Classica Pavillons
Postfach 1327
D-63571 Gelnhausen

Holzum GmbH
Empeler Str. 91
D-46459 Rees (V)

Janssens
Mechselsesteenweg 388
B-2500 Lier (H)

Kuno Krieger GmbH
Gewächshäuser, Pavillons
Gahlenfeldstr. 5
D-58313 Herdecke

Lugarde
Gartenhäuser
Herderstr. 16
D 50227 Ahlen

Neogard AG/Janssens
Aarauerstr. 23
CH-5734 Reinach (H)

Macarel
Seltersweg 55
D-35390 Gießen

Pet & Garden
Teehäuser
Unter den Eichen 16
D-57633 Weyerbusch

Salzberger Gartenhäuser
In den Auewiesen 1–3
D-36286 Neuenstein-Aua

Selbstbau TU
Maschmühlenweg 99
D-37081 Göttingen

Selfkant Wolters GmbH & Co. KG
Janssens Vertrieb
Maria Lind 29
D-52525 Waldfeucht-Braunsrath

Wohnen und Garten
Hölscher und Leuschner
Siemensstr. 15
D-48488 Emsbüren

Holzzaunsysteme, Trellis, Pergolen

W. Brügmann & Sohn GmbH
Kanalstr. 80–90
D-44147 Dortmund

Osmo
Ostermann & Scheiwe
GmbH & Co.
Hafenweg 31
D-48155 Münster (H)

Plus Garden-System A/S
Postboks 305
DK-6600 Vejen (H)

Uwe Schröder
Holzbau
Postfach 1113
D-21389 Reppenstedt/Lüneburg

Unopiu Europa
S. S. Ortana km 14500
I-01038 Soriano nel Cimino
(Viterbo) (V)

Unopiu
Am Dornbusch 24–26
D-64390 Erzhausen (V)

Werth-Holz GmbH & Co. KG
Therecker Weg 11
D-57413 Finnentrop (H)

Zäune und Ambiente, Dekoelemente

Bartscher GmbH
Postfach 112714
D-33143 Salzkotten (V)

Country garden
Christel Plasa
Auf den Beeten 12
D-72119 Ammerbuch-Reusten (V)

Garpa
Garten- und Parkeinrichtungen
Kienwiese 1
D-21039 Escheburg/Hamburg (V)

Lacon
J.-S.-Piazolo-Str. 4a
D-86766 Hockenheim (V)

re-natur
Plöner Str. 10
D-24619 Bornhöved (V)

Rorys
Zäune und mehr
Dielenstr. 18
D-31592 Stolzenau (H)

Rottenecker-Ambiente GmbH
Gewerbestr. 2
D-77749 Hohberg 2/Offenburg (H)

Dank und Bildnachweis

Hölscher und Leuschner, Emsbüren: S. 18/19, 29, 56/57, 69
Osmo, Münster: S. 24, 79–83, 106, 116 oben, 125
Plus, Vejen: S. 12, 72–74, 87, 96, 97, 108, 111, 115
re-natur, Bornhöved: S. 126
Unopiu, Erzhausen, Fotograf Mauro Mattioli: S. 109
Werth-Holz, Finnentrop: S. 25

Autor und Verlag bedanken sich bei den genannten Firmen für die freundliche Unterstützung.

Alle nicht aufgeführten Abbildungen stammen von Siegfried Stein.

CALLWEY

Die Bücher.

*D*ieses Buch ist ein Leitfaden aus der Praxis für die Praxis. Planung, Anlage, Bau und Bepflanzung von Teichen, Bächen und Pools werden in vielen Abbildungen detailliert dargestellt und praxisnah beschrieben. Der Autor informiert über die richtigen Werkzeuge, Hilfsmittel und Materialien und beschreibt Schritt-für-Schritt das Anlegen eines Schwimmteichs.

Siegfried Stein
Bachläufe und Badeteiche selber bauen
128 Seiten, 158 Abbildungen.
Broschiert.

INDIVIDUELLE GÄRTEN

Bunny Guinness
Der Familien-Garten
168 Seiten, 207 farbige Abbildungen, 110 Grundrisse und Zeichnungen. Gebunden mit Schutzumschlag.

*E*ine eigene Gartenecke für die Erwachsenen, die kleinen und die großen Kinder, die Haus- und Wildtiere! Und ein Platz für Alle! Bunny Guinness zeigt, wie man diese bunten Ecken zu einem bezaubernden Ganzen zusammenfügt. Neben Plänen für jede Gartengröße liefert sie detaillierte Bauanleitungen für Spielgeräte.

CALLWEY VERLAG
MÜNCHEN